逃げ出す勇気

自分で自分を傷つけてしまう前に

ゆうきゆう

角川新書

はじめに

みなさんは「逃げ出す」という言葉にどんな印象を持っていますか？　負け犬、弱虫、根性なしの落伍者《らくご》――おそらくネガティブなイメージを思い浮かべる方が大半ではないでしょうか。

実際、現代の日本は「逃げ出す」ことが許されない社会です。

「石の上にも三年」という言葉がまかり通っているように、この国では我慢こそが美徳。会社での膨大な残業も、上司からの叱責《しっせき》も、クライアントからのむちゃな要望もぐっとこらえ、黙って成果を出す。それでこそ一流の仕事人、成熟した大人と認められます。

仕事がつらくて「逃げ出す」なんて、もってのほか。そんなことをすれば無能のレッテルを貼られ、同僚への迷惑も考えない不届き者として扱われてしまいます。

僕、ゆうきゆうは精神科医ですが、日本では「精神科や心療内科の医者にかかる」ことのハードルが――昔よりはたいぶましになりましたが――欧米に比べれば、まだまだ高いと言わざるを得ません。「精神科医にかかるなんて弱い奴だ」といった、ネガティブな意味での「逃げ出す」イメージが、いまだにつきまとっているからです。

いざ精神科にかかることになって、「一生の不覚」と嘆いたり、「恥ずかしい」「とても人に言えない」と自己嫌悪に陥ってしまう人も多いのではないでしょうか。

しかし、本来精神科は、「虫歯かもしれないから歯医者に行っておこう」とか「最近遠くのものが見えにくいから眼科に行こう」というのと同じくらい、軽い気持ちで足を運んでもよい場所です。

もっと言えば、「虫歯にならないために正しい歯磨きの仕方を指導してもらおう」「今の視力に合うコンタクトレンズを買いに行こう」くらい、カジュアルな気分で足を向けてもいい。にもかかわらず、心が不調を訴えても「負け犬になりたくない→逃げ出してはいけない」という思考から逃れられずに我慢してしまう人が多く、不調がますます悪化してしまうというわけです。

　昨今、そのひずみは社会のあらゆる部分に噴出しています。会社や学校がつらくて仕方がないのに、「逃げ出す」ことを選べなかったために、自ら命を断ってしまう方のニュースがあとを絶ちません。とても悲しむべきことですし、他人《ひと》ごとではないと胸を痛める人も少なくないでしょう。

　２０１６年に放送されて大ヒットした新垣結衣《あらがきゆい》さん主演のドラマ『逃げるは恥だが役に立つ』では、第1話でタイトルについての言及がありました。「逃げるは恥だが役に立つ」とはハンガリーのことわざで、「逃げるのは恥だけれど、生き抜くことの方が大事」という意味だそうです。

　まさしくその通り。勇猛果敢に正面衝突したところで、死んでしまっては意味がありません。人間は、「最終的に生きていれば勝ち」なのです。

　この本には、生きることを楽にするための「逃げ出す」方法が書かれています。

　ただ、本書で言うところの「逃げ出す」は決してネガティブな意味ではありません。

困難や理不尽に対して、バカ正直に真正面から立ち向かって手傷を負うのではなく、一《いっ》旦《たん》引いて戦局を見直し、できるだけ傷を負わずに難局を乗り切る。そんな「戦略的撤退」という意味の「逃げ出す」極意です。逃げっぱなし、つまり敗走ではありません。

「逃げ出す」は負け犬、弱虫、根性なしが取る手段ではないのです。「逃げ出す」のは決して落伍者の逃避ではありません。その証拠に、「逃げ出す」にも、ある種の勇気が要ります。

「逃げ出す」ことで、この厳しい世の中で生き残ることができます。そしてなにかにつけ、あなたが生きる上での困難を減らせるでしょう。

どうか「逃げ出す勇気」を持ってください。

目次

第2章　真正面から立ち向かわない　35

第1章　現代社会は逃げ出しにくい

●鎌倉市図書館と西原理恵子さん

2015年8月26日、鎌倉《かまくら》市図書館のある優しいツイートが話題になりました。

もうすぐ二学期。学校が始まるのが死ぬほどつらい子は、学校を休んで図書館へいらっしゃい。マンガもライトノベルもあるよ。一日いても誰も何も言わないよ。9月から学校へ行くくらいなら死んじゃおうと思ったら、逃げ場所に図書館も思い出してね。

このツイートは翌年もその翌年も、夏休みの終わり際の時期になると毎年話題にのぼり、多くのメディアや個人によって記事やブログで好意的に取り上げられました。これまで10万件以上リツイートされています。

子供の頃にそんな図書館が近くにあったらどれだけ救われたか、こういう場所がもっとあっていいはずだと、たくさんの大人がこぞって声をあげたのです。現代人がいかに心の底で「逃げ場所」を求めているか、ということを表してはいないでしょうか。

こんな話もあります。以前、朝日新聞に「いじめられている君へ」という、著名人によるリレーエッセイのシリーズがありました。多くの読者から支持を集めた人気連載ですが、その中で漫画家の西原理恵子《さいばらりえこ》さんが同じく夏休み中、２０１２年８月に書かれていた回の一節が印象的です。

学校は、いじめられてつらい思いをしてまで行くようなところじゃない。長い夏休みだと思って、欠席してください。そして、16歳まで生き延びてください。

ご存知の方も多いと思いますが、この西原理恵子さん自身、色々な苦労をされて生きてこられた方です。

彼女自身が話す「逃げてもいいんだよ」には、とても強い説得力があると思います。

「そうか、逃げてもいいんだ！」西原さんの言葉にはたくさんの人が救われたと思います。

もしかすると、現代人がもっとも言ってもらいたい言葉は「逃げてもいいんだよ」なのかもしれません。

●「逃げちゃダメだ」はダメだ

アニメ『新世紀エヴァンゲリオン』の主人公・碇《いかり》シンジ君の有名な口癖は「逃げちゃダメだ」でしたが、それをブツブツ言っている時のシンジ君は、いつも苦悶《くもん》に満ちた表情を浮かべています。

単なる根性論をよりどころに、ノープランで「逃げちゃダメだ」と自分に暗示をかけるのは、あまりよい方法とは言えません。

一般的に、追い込まれている人、うつ状態の人に「がんばれ」と奮起を求めるのはよくないとされていますが、シンジ君は自分でそれをやってしまっています（『エヴァ』をご覧になった方なら、その後にシンジ君がたどった過酷な運命と荒廃した精神状態については、よくご存知でしょう）。

「頼りたい時は頼ってもいい」「つらかったら休んでもいい」「最悪、転校してもいい」——これら、置かれている状況から一旦《いったん》「逃げ出す」という選択肢を用意しておくことは、実際にその行動を取るかどうかは別としても、人の心を確実に癒《いや》します。

●「逃げ出せない」日本社会

警察庁の統計によれば、２０１６年の日本の自殺者数は、実に2万１８９７人にものぼりました。

また、厚生労働省が発行する「自殺対策白書」の平成29年版によれば、人口10万人当たりの自殺者数を示す自殺死亡率は、日本が世界で6番目に高いそうです。しかも、アメリカ、イギリス、フランス、ドイツ、イタリア、カナダ、日本の先進国7ヵ国中、自殺死亡率が事故による死亡率を上回ったのは日本だけでした。ここからも、日本がいかに「逃げられない」社会かということがわかります。

さらに厚生労働省がまとめている「患者調査」によれば、１９９９年の調査で約67万人いた精神疾患（うつ病、統合失調症など）の患者数は、２０１４年に約１８９万人と倍増しました。２０１１年には約71万人だったので、この３年間だけで１００万人以上も増えてしまったということになります。

僕は２０００年から精神科医をやっていますが、体感でも昨今は患者さんが確実に増えています。内訳は六割が女性、四割が男性。年齢は二、三十代の働き盛りが中心です。

精神疾患の代表的なものにうつ病がありますが、これは大きく２つの種類に分かれるのをご存知でしょうか。

ひとつは内因性のもの。ホルモンバランスが崩れて発症するケースで、中年女性に多いと言われています。これは十数年医者をやっている中で、患者さんの数にあまり変化がありません。

もうひとつが心因性のもの。いわゆるストレスが原因で発症するケースですが、昨今増えている症例はこちらです。

心因性うつの方が口を揃えて言うのが、「逃げたいけど、逃げられない」「この業界をやめたいけど、どうしてもやめられない」。すっかり手詰まってしまい、相談できる人が会社にも家にも友達にもいないため、クリニックを頼っていらしたというわけです。

●「反応」がないと人は病む

現代日本が「逃げ出せない」社会になってしまった理由は、一体どこにあるのでしょうか。僕は大きく三つの要因があると思います。

第一に、結果が見えづらい仕事が増えたという点です。

複雑化・細分化する産業構造の中で、会社で自分が何をやっていて、どんな役に立っているのかがわからない、体感できない、成果がはっきり可視化されていない――。こういった状態は、医学的見地からするとうつを招きやすいと言われています。

いわゆる「歯車的な仕事」であると言えますが、正確を期すなら「歯車が何の動力になっているのかわからない状態」と言えるでしょう。

大事なのは「報酬が多いか、少ないか」ではなく、「やったことに対してダイレクトな反応があるか、ないか」。その意味で、お客さんの喜ぶ顔が見える接客業の方は、うつになりにくい傾向にあるようです。

●スピード社会がもたらす焦りと疲労

第二に、すぐに結果を出さなければいけない、対応しなければならない「スピード社会」になったことです。

インターネットが普及した現在では、企業のアクションに対する顧客の反応も、Twitter《ツイッター》やInstagram《インスタグラム》やFacebook《フェイスブック》といった各種SNS（ソーシャル・ネットワーキング・サービス）の投稿に対する友達のレスやコメントも、ほとんどリアルタイムで返ってきてしまいます。

WEB関係のお仕事をされている方であれば、すべての成果がPV（ページビュー／そのページが何回閲覧されたか）という数字によって一瞬で評価されてしまうことに、日々一喜一憂されていることでしょう。

また現代社会では、スマホの普及によって、夜中でも会社のメールがチェックできてしまいますし、休暇を取っていようが旅行に行こうが、携帯電話を通じて仕事がどこまでも追いかけてきます。

上司からの直電を取ったが最後、聞かれた質問にはその場で即答しなければなりません。あらゆる仕事、あらゆる事象の展開するスピードが、ＩＴの進歩によって早まったのです。

昔は顧客からのクレームに対して、一晩じっくりお詫《わ》びの言葉と対応策を考えればよかったのが、今では Twitter で飛んできたリプを数時間も放置すれば、炎上してしまうかもしれません。

すべてがダイレクト、かつスピーディ。それゆえに短期的な成果とアクションを迫られる、言い換えれば「焦りを促進させる」のが現代社会なのです。

こんな調査があります。２つのグループにある作業をやってもらう際、片方のグループには「あと少ししか時間がない」との言葉をかけて焦らせたのです。すると、焦らせたグループはもう片方のグループに比べて判断を誤りやすいという結果が出ました。焦らせることによる疲労感の助長と、仕事クオリティの低下。これが本人の気持ちを塞《ふさ》がせ、落ち込ませるのは、想像に難くありません。

●皆、SNSに疲れている

第三に、ここ数年強まったSNSの「いいね」プレッシャーです。

特にInstagramやFacebookは、ある投稿に「いいね」がつけばついたで嬉《うれ》しいですが、別の投稿で以前ほど「いいね」がつかないと気持ちが落ち込んでしまう人が多いと聞きます。

結果、「いいね」の数に一喜一憂し、少なければ「誰かの気にさわる内容の投稿をしてしまったのではないか」「前より友人からの人気がなくなったのではないか」「会心のネタを披露したのに、すべっているのではないか」と不安になってしまう。これは「歯車的な仕事」とは正反対で、反応が可視化されすぎるがゆえの弊害です。

原理上、「いいね」が永遠に増え続けることなどありえません。しかし、「前より『いいね』が少ない」ことが不安を煽《あお》ってしまうのも事実。それがエスカレートした先にあるのが、昨今話題の過剰なインスタ至上主義、なんでもかんでも「インスタ映え」を狙いたがる風潮でしょう。

あらゆる行動が「ＳＮＳ映えするかどうか」を基準に決まってしまうとなれば、気の向くままにしたいこともできませんし、行きたいところへも行けませんよね。食べたいものではなく、常に「ＳＮＳで受けそうなもの」を食べることになるからです。

ＳＮＳに振り回される生活が楽しければ問題ないのですが、あまりにも「いいね」の奴隷になってしまっては、ゆっくり心を休めることもできません。実際、「ＳＮＳ疲れ」を訴える若者は多いと聞きます。

ＳＮＳの「いいね」プレッシャーについては、「ゲインロス効果」というキーワードで解決できますので、第４章で詳しくお話ししましょう。

●インターネットが新しいストレスを生んだ

僕が医者になったばかりの20年近く前には存在せず、現在は存在する患者さんの悩みの筆頭が、このようなSNSやWEBにまつわるものです。

当時はSNSというものが存在しなかったので当然と言えば当然ですが、「Twitterで誰それに攻撃されて苦しい」「自分のことをどう言われているかわからなくて怖い」といった悩みは、昨今確実に増えています。

実は精神科にいらっしゃる方の症状は、時代をものすごく反映します。Twitterが登場する前は「mixi《ミクシィ》に疲れた」という相談もありました。

統合失調症患者さんの妄想で「電波が自分を攻撃してくる！」というものがありますが、そもそも「電波」という概念が一般人にも認識される19世紀以前に、そういった妄想は存在しませんでした。UFOや宇宙人にまつわる政府の陰謀論が流行《はや》った時代には、「宇宙人が自分を監視している」という妄想事例が頻出しています。

人間のストレスは、時代や文化と密接に関わり合っているということです。

こうして考えると、インターネットの普及によって人間と人間のコミュニケーション密度と頻度は飛躍的に上がりましたが、それこそがストレスを溜《た》める原因にもなっているように思えます。

たしかに人間は高度な社会性を獲得することによって進化し、社会を発展させてきました。ただ、過去何千年もの間、そのスピードは実にゆったりとしたものでした。

インターネットの一般的な普及からはたかだか20年ちょっと。一般の人がＳＮＳをやりはじめてから、たかだか10年。コミュニケーション密度と頻度の変化があまりに急すぎて、人間の進化が追いついていないのではないでしょうか。

●人間関係数が多すぎる！

昔の人が一生のうちに関わる他人の数など、たかが知れていました。かつての狩猟社会では、普通の人はせいぜい数十人の限られた人たちとだけ密な関係を持ち、一生を終えていたことでしょう。

現在では、仕事をはじめとした様々な人間関係に加え、ＳＮＳの登場によって、会ったこともない人と「友達」になり、個人がケアするには手に余るほど膨大な人間関係を持ってしまいます。人によっては、何千人、何万人と、いつでも直接メッセージをやり取りできる状況に身を置いていますよね。

その何千人、何万人とのつながりは、その大半が「一度名刺交換しただけ」「ＳＮＳ上でフォローしただけ」ですが、メッセージはオブラートに包まれることなく直接届いてしまいます。何の気なしに発した言葉が相手を傷つけることもありますし、一度も会ったことのない人に、ひどい悪口を投げることも実に簡単です。

ネットに身を置いて社会生活を営んでいる以上、そこから「逃げ出す」ことは容易ではありません。誰からも、どこからでもメッセージは届きますし、それにレスしなければ、それはそれでバッシングされることもあります。著名人でもない個人がちょっとしたことで炎上するニュースがしばしば耳に入りますよね。実に心苦しいです。

正直、ＳＮＳをやっていない人のほうが健康でいられるんじゃないかと思いますが、一度はじめてしまったＳＮＳをやめるのも相応のエネルギーと決意が要るのも事実。ＳＮＳをやめること自体がストレスになってしまう人もいることでしょう。

●スネ夫の苦悩は「置き換え」で解決

ＳＮＳの中でも「Twitter」はよく炎上しますが、その理由は、「Twitter」の匿名性が高いゆえに、ストレスの掃き溜めになっているからです。

人間はストレスを感じれば感じるほど、自分より格下だと思われる人を攻撃して、気持ちを晴らしたがる性質を持っています。「Twitter」で特定のアカウントに向けて罵詈《ばり》雑言を吐いたり、人種差別的なヘイトツイートをしたり、聞かれてもいない正義論をとうとうと述べたりする人たちは、日常的にストレスを抱えていたり、虐げられていたりする人たちでしょう。

順調にバリバリ仕事をしている人は、自分と何の関わり合いもない有名人の悪いニュースにいちいち目くじらを立てませんし、そんなことをしている時間もありません。

心理学的に言うなら、彼らの行動はフロイトが言うところの「置き換え」です。ジャイアンにいじめられたスネ夫《お》が八つ当たりや憂さ晴らしでのび太《た》をいじめるように、会社や上司から理不尽に追い詰められ、苦しんでいる人が、別の誰かを虐げることで自分の気持ちを静める。自我の防衛機制のようなものです。

ただ、スネ夫に「のび太をいじめるな」と言うのは簡単ですが、それではスネ夫のはけ口がなくなってしまい、スネ夫はひとり悶々と悩むことになってしまいます。

この場合のうまい対処法は、スネ夫自身がさらなる「昇華」を行うことです。これは「マイナスの気持ちを、社会的に望ましい方向に置き換える」こと。のび太をいじめる代わりに、自分が活躍できる、ストレスを発散できるような別の場所やグループを探し、そちらに身を置く。ジャイアンやのび太のいない友達グループを見つけ、そちらに参加して軸足を移すのです。

ジャイアンやのび太やしずかちゃんたちによって構成される「ドラえもんコミュニティ」からすれば、スネ夫の行動はコミュニティから「逃げ出した」ことになりますが、スネ夫からすれば、これは問題解決のための勇気あるアクション。実は、この考え方こそが本書で言うところの「逃げ出す勇気」なのです。

●すべての悩みは世界が「狭い」から生じる

すべての悩みは、その人の世界が「狭い」ことから生じます。

学校でいじめのターゲットになっている時は絶望的な気分になりますが、世界はここだけじゃない、学校社会なんてこの広い世界のほんの一部にすぎないと考えてみてください。

学校のクラスなど、たかだか40人。あなたの意思なんて何も考慮されることなく、学校という他者によって適当に振り分けられただけの40人ではないですか。

学年全体でも数百人程度。それに比べて、世の中には一体どれだけの人がいるでしょうか？

ちっぽけな狭い世界でがんばっていじめっ子と戦うよりも、西原さんの言うように、「長い夏休みだと思って」やりすごすか、いっそ転校してしまったほうが、ずっと賢いやり方です。

会社もそうです。それを躊躇《ちゅうちょ》する理由はどこにもありません。職場がとてもつらいのは、あなたの能力が低いせいではなく、単にその職場があなたに合っていないから。もしくは、無能な上司がいるからではないですか？

さっさと「逃げ出し」て、あなたの能力が活《い》かせる別の場所に行けばいいのです。ジャイアンと一生付き合う義理など、どこにもありません。

「そんなこと言ったって、それができないから苦労してるんだよ」という気持ちはよくわかります。だからこそ「逃げ出す」にも勇気がいるのですが、その勇気を振り絞れば、必ず道は開けます。

●ＤＶ彼氏からは逃げて当然

今いるつらい場所から「逃げ出せ」ない人の心理は、ＤＶ（ドメスティック・バイオレンス／家庭内暴力）をはたらく彼氏からなかなか離れられない女性のそれに似ています。彼女たちは言います。「あの人と別れたら、もう誰も私のことを愛してくれないかもしれない」と。

はっきり言いましょう、決してそんなことはありません！

外の世界はあなたが考えているよりもずっと広いのです。一旦身を引いて、広い目で世界を見てみれば、今までいた場所がいかに狭く、その狭い世界でしか通用しないルールにあなたがいかに縛られていたかを、一瞬で実感するでしょう。あなたが今いる場所が、世界のすべてではありません。断じて！

少しの勇気をもって広い世界に出て、今まで触れたことのないものや人と出会ってみませんか。そうして別の視点を獲得し、今の悩みを別の場所から俯瞰《ふかん》することで、解決法が見いだせます。

悩みの渦中にいる状態は、「木を見て森を見ず」という状態と似ています。そこから脱するには、まずその鬱蒼《うっそう》と茂った森から一度出てみて、森全体を見渡せるくらいの距離まで離れることが大事です。

その、森の外に出る一時的かつ戦略的な移動を、「逃げ出す」と呼ぶのです。


ＤＶに苦しめられている女性が彼氏のもとから「逃げ出す」ことを非難する人なんて、いませんよね。むしろその女性の未来を良いものにする、前向きで勇気ある決断です。

会社や学校、その他のつらい状況からは、胸を張って逃げ出してください。

「逃げ出す」とは、不本意な場所に〝とどまらない〟勇気の表れです。今よりもずっと幸せな人生を歩むために、賢く逃げ出してください。

第2章　真正面から立ち向かわない

本書の冒頭で「逃げ出す」ことの意義を、「バカ正直に真正面から立ち向かって手傷を負うのではなく、一旦《いったん》引いて戦局を見直し、できるだけ傷を負わずに難局を乗り切る」と説明しました。

この章ではさらに深掘りして、「逃げ出す」の効能と本質に迫りましょう。

●再び立ち向かうための「戦略的撤退」

逃げ出せ、逃げ出せと煽《あお》っておきながらなんですが、実は僕は「すべてから逃げる」ことは推奨しません。立ち向かえるなら立ち向かった方がいいとは思います。

ただ、常に立ち向かい続けると、疲れてしまいますよね。ですから〝ある意味においては〟逃げちゃってもいい、というのが正確な気持ちです。

スネ夫にたとえるなら、一旦はジャイアンのもとから逃げ出しますが、いつか自分の活躍をジャイアンの耳に入れて見返してやろう、いつか対等な立場で言い返してやろうという気持ちを持ち続けることが大事です。

大切なのは、逃げるに際して逃げっぱなしにしないということ。苦手な人がいるからもう絶対に会わないとか、苦手な場所だから一生行かないとか、この業界は金輪際関わらないなど、完全な逃げを決め込んで一生避けていこうとすると、どんどん苦手意識が強くなってしまいます。いわゆる負け犬根性がついてしまう。これはいけません。

犬で思い出すのが、マーティン・セリグマンという心理学者が発表した「学習性無力感」という概念です。犬に長期間にわたって電気ショックを与え続けると、犬はそのきつい状況から逃れようとする努力すらしなくなってしまうのです。「どうせやっても無駄」。まさに負け犬ですね。

人間も同じように、ずっと逃げ続けていたり、逃げたあと恐れおののいてばかりいたりすると、気持ちが落ち込んで学習性無力感に包まれてしまいます。

ですから、一度逃げるのはよいのですが、その際に、

①そこから何を学んだか
②次はどうしようか

の二つを必ず考えるクセをつけましょう。反省と行動を伴わせることが大事です。ビジネスで言うなら、「Aという業界で負けちゃったら、次はBという業界でがんばろう」という発想です。

悪く言えば「なにくそ」から来る復讐《ふくしゅう》、よく言えば「再び立ち上がってやる！」という決意。そのイメージさえ持っていれば、一回逃げる、一旦退《ひ》くのは、とても意味のある行動となります。

後で勝利をもぎ取るために、一時的にその場から逃げ出す——これはいわば「戦略的撤退」です。「戦略的撤退」、うん、カッコいい言い方ですよね。どんどん使っていきましょう。

●将棋の勝利条件とは

あまり気持ちのいいたとえではないですが、国家対国家の戦争を想像してみてください。

ある特定の峠や丘、海岸などで展開している局地的なバトルの勝利だけにこだわっていては、最終的な勝利は得られません。全体の戦局を見ながら、兵士を無駄死にさせないよう、退くべきところは退く。これぞ「戦略的撤退」です。

あらゆる戦場で全兵士が突撃してしまっては、勝てる戦争も勝てません。考えなしに立ち向かうのは、考えあって退くよりも、ずっと愚かな行為です。蛮行と呼んでもよいでしょう。

将棋がよい例です。最終的な勝利条件は「自分の王将を取られることなく、相手の王将を取ること」。つまり、バカみたいにどんどん攻めて、相手の駒を取りまくれば勝てるわけではありませんよね。

一度退いて自陣の守りを固めるのも立派な戦略です。ましてや、冷静さを欠いて王将自ら敵陣に突撃するなど、言語道断。サッカーで言うなら、ゴールキーパーが敵陣に攻めていくようなもの。みすみす勝利をドブに捨てています。

「一旦退く」とは、冷静さを取り戻し、周囲の状況を見渡す、視野を広げる行為でもあるのです。

戦国時代の合戦でも、戦略として「一旦退いて敵を誘い込み、挟み撃ちで仕留める」というものがあります。それを敗走とか撤退とは呼びません。

●最終的に生きていれば、勝ち

臥薪嘗胆《がしんしょうたん》という中国の故事成語があります。後で復讐するために今は苦労を耐え忍ぶという意味ですが、本書で提唱する「逃げ出す」はこのイメージ。負けたとしても、その悔しさをバネにして最後に1回だけ勝てば、それでいいではありませんか。

「負けたら人生終わり」ではありません。それこそ戦国時代ではないので、たったひとつのミスや失敗で終わってしまうような人生は、現代においては存在しないのです。

10回負けようが、１００回負けようが、最後に大勝すればいいだけの話。結果的に、最終的に生き残っていた方が勝ちと考えれば、逃げ出して生きながらえるだけでも、十分に意味はあると思います。

それこそ生き恥を晒《さら》しても、生き続けるほうが圧倒的に意味がある。だって、勇敢に戦ったところで、死んだら全部おしまいなのですから。

命さえあればなんとかなる。死ななければ、その時点で勝ち。死にさえしなければ、いくらでも再起できますよ。

●会話で有効な「一旦退却」テクニック

少し脇道にそれますが、「一旦退く」は、会話術にも応用できます。

会議やプレゼンの席、初対面の人との会話、これから親しくなりたい人とのアイスブレイク……こういった場で、想いが強すぎるあまり、まくしたてるようにしゃべる人がいます。アイドルの握手会でも見られる光景ですね。

そうしたい気持ちは理解できますが、これでは相手がなかなか話を聞いてくれません。心を開いてもくれません。

そこでまず実行したいのが「分割法」と呼ばれるテクニックです。言いたいことを一気にしゃべらず、分割して話すことを意識する。しゃべっている最中に「どう思います？」「ですよね？」と聴衆に問いかけるなどして、確認を挟む。そうすると相手は耳を傾けてくれます。

映画やドラマなどでも、1人の登場人物があまりにも長いセリフをしゃべっていると、頭に入ってきませんよね。うまい監督は、長い説明が必要なシーンでは、会話の相手に相槌《あいづち》やツッコミを入れさせたりしてセリフを分割することで、観客の集中力に負担をかけないよう配慮しています。


また、話をわざと途中で区切るのも効果的です。根拠は心理学者のブルーマ・ツァイガルニクが提唱した「ツァイガルニク効果」。ツァイガルニクによれば、人は既に完成されたものより、未完成のもののほうが記憶に残るそうです。

言われてみれば、早逝したミュージシャンがカリスマ視されるのは「もっと聴きたかった！」と観客の渇望を誘発するからですよね。犯人の正体が明かされる直前に「次回どうなる⁉」で幕を引いたドラマの最後のシーンも、とても印象に残ります。

想いが強すぎて一気にまくしたてるのは、「真正面から立ち向かう」に等しい行為。しかしそれでは必ずしも良い結果を引き出せません。「相手が自分の話を聞いていないな」と思ったら、一旦退いて言葉を止め、相手がどんな表情をしているかを見渡してみるのも、ひとつの手。「押してだめなら退いてみな」精神です。

●ストレスは無駄じゃない！

人が逃げ出したいと感じる大きな理由は、日常生活で感じる強いストレスです。ギクシャクした人間関係、会社や上司からのプレッシャー、他人からの理不尽な攻撃……。ストレスなんて世の中から一掃されればいいのに！　と願う人も多いことでしょう。実際、世の中では、どうすればストレスのない生活を送れるかを指南した本やネット記事、TV番組に耳目が集まります。

しかし、あるアメリカの統計によれば、「ストレスは前向きなエネルギーになる」と思っている人は、「ストレスは嫌なもので、避けなければならない」と思っている人に比べて、長生きで健康に生きられたそうです。

ストレスがあったとしても、なんとしてもそこから逃げ出さなければならないと思ってしまうのは、むしろ強迫観念というストレスを生んでしまいます。そうではなく、多少のストレスは自分を成長させる糧になりうると考えるべきなのです。

普通の人が普通に毎日を生きているなら、ストレスがまったくゼロの状態にはできません。それをなんとしても避けようとすれば、世捨て人のような生活を送るしかなくなってしまいます。

大きなストレスを積極的に受け止める必要はありませんが、少々の手傷は勲章として許容してあげてください。単に受け身的に「イヤだイヤだ」と逃げるのではなく、「今回は逃げるけれど、受けた手傷は成長エネルギーにしよう」と考えましょう。

たとえば柔道の試合。たくさん投げられて体中に傷を負ったとしても、その痛みと悔しさが糧となって、練習に励める。リベンジができる。何がまずくて負けたのかは、体の傷が覚えています。

逆に、ほんの少しの傷でも負うことを恐れる人は、自分より弱い相手としか一戦を交えられません。これでは、いつまでたっても強くなれない。成長できないでしょう。

●みんな平等にストレスを抱えている

また、ストレスがつらい理由のひとつに、「自分だけがストレスを抱えている」という不公平感もあるのではないでしょうか。

でも、どんな人間でも必ず苦しみを抱えています。苦しみはあるのが当然。だから、少なくとも他人との比較において「自分だけが苦しんでる……」と悲観することはありません。

柔道部の例ばかりで恐縮ですが、朝練も夏の合宿もつらいと言えばつらい、一種のストレスですよね。でも、他の部員全員が同じように眠気や猛暑と戦っていると思えば、がんばれます。

運動部に縁がなかった方は、受験勉強を思い出してみてください。ゲームしたい、マンガを読みたい、遊びに行きたい……それを我慢してなんとか勉強できたのは、教室の誰もが、親しい友人も皆、一様に受験勉強に励んでいたからではありませんか。

柔道でも受験勉強でも、そのつらさはすべて「強豪校に勝利すること」や「志望校に合格すること」という目的とセット、成長の糧です。

ストレスは決して無駄ではないのです。

●逃げ出す＝立ち向かう対象を変える

「逃げ出したいけど逃げ出せない」と苦しんでいる人になぜ逃げないのかと聞くと、たいていこういう答えが返ってきます。

「逃げた先でうまくいくかどうか、わからない」

たしかに一理ありますが、今いるこの場所で現に大きな苦しみを被っているならば、立ち向かう先をここではなく別の場所に変えてみるだけでも、物事が打開できるとは思いませんか？

「逃げ出す勇気」とは難題から目を背けることではなく、立ち向かう対象を変えるために必要な思い切りのことです。たとえば、ボケとしていまいち芽が出なかったお笑い芸人が思い切ってツッコミに転身した瞬間、ばっちりハマってブレイクした……という例は少なくありません。

こんな話もあります。伝説のプロレスラー・ジャイアント馬場《ばば》さんは、プロレスラーに転身する前は野球選手、読売ジャイアンツのピッチャーでした。ただ、ケガなどもあって5年目に球団から解雇されてしまいます。

馬場さんはそれでもスポーツ選手として生きていくことが諦《あきら》めきれず、ジムでトレーニングを続けていました。そんな時、プロレス選手への転身を決意します。

ジャイアンツを解雇された馬場さんの失意たるや、相当なものだったでしょう。でも、馬場さんはいつまでも野球に執着しませんでした。立ち向かう対象を変えたことで道が開け、日本のプロレス界にこの人ありと言われた伝説のスーパースターになったのです。

世の中には、このような例が山ほど転がっています。

現在は大成した著名人や起業家が過去、今とは全然違う仕事や生き方をしてきた例は、ちょっと調べるだけでも、わんさか出てきます。「過去に何百回負けようが、最後に大勝すればいい」を地で行っている人は、実はとても多いと知ってください。

●相手は相手、自分は自分

「立ち向かう対象を変える」は、対人関係で悩んでいる時にも応用できます。

人はどうしても、理不尽なことを言ったり、不快な言動を撒《ま》き散らす相手を前にすると、諭そうとしたり、正そうとしたりします。

しかし、そんな態度で接すれば接するほど、相手は「上から目線で言うな」と反発しがち。これは逆効果。何の解決にもなりません。

精神医学者アルフレッド・アドラーが提唱した「アドラー心理学」の中には『課題の分離』という考えがありますが、これは「他人の課題は他人が解決すべきもの。自分の課題は自分で解決すべきもの」として、対人関係の課題を分離する考え方です。

相手の「迷惑な性格」を解消するのはその人の課題であって、あなたの課題ではありません。相手を「改造」しようとするのは必ず徒労に終わるので、やらないに越したことはない。その分のエネルギーは「自分の気持ちの整理」や「自己変革」に向けてください。これが、「立ち向かう対象を変える」です。無駄なことはしないに限ります。

もう一度言います。相手を変えるなんて、諦めましょう。そんなことができる人はいません。解こうとするだけ無駄な無理難題からは、さっさと「逃げ出し」ましょう。

やるべきは、相手ではなく自分の変革です。「攻められる隙を作らない」「必要な時以外は近づかない、取り合わない」でもいいですし、「少ない言葉で異議を表明する」「無視する」でもOK。困難の度合いで言えば、相手を変えるより自分が変わるほうが、ずっと難易度が低いのですから。

相手を変えるなんて徒労なんだ！　と気づくと、誰かに対して投げかける「がんばれ」という言葉の使い方も適切になります。

「がんばれ」とは、「がんばっていないあなたをがんばっている状態にしたい」という意志の表れですが、これは言ってみれば余計なおせっかいです。

がんばるかどうかは相手の課題であって、あなたの課題ではありません。心が弱っている人に「がんばって」と言うべきではないのは、その言葉が「あなたは今、がんばっていない（＝がんばらないとダメだ）」といったニュアンスを帯びてしまうからです。

もし何か言葉をかけたいなら、むしろ「がんばりすぎないで」が適切でしょう。「がんばりすぎないで」には「もしもの時は逃げ出してもいいんだよ」という言外の意味も含みますから、相手の気持ちをずっと楽にできますよ。

●悪い面から目をそらす

僕が独立してクリニックを開業したのは2008年ですが、開業を考え始めた時は、あれこれとウジウジ悩みました。「患者が来なかったらどうしよう」「逆に忙しくなりすぎてサイトの更新が滞ったらどうしよう」「今の病院をやめたら後悔するのではないか？」。それで時間ばかりが過ぎていったのです。

しかし、ここでクウェート大学のヒューダ・ハッサン博士の言葉を思い出しました。

「明るい面や楽しい面ばかりを考える人ほど、総じて意欲的になり、努力を継続できる」

博士は、明るさの度合いと昇進スピードが比例することも主張しています。

一般的に物事の悪い面から目をそらす行為は、「現実を見ていない、逃げている」と糾弾されがち。ですが、考えてもみてください。会社の新規プロジェクトを立ち上げる会議の席で、「前例がないからリスクが高い」だの「うまくいかなかった時に誰が責任を取るんだ」だのといった懸念ばかり表明する人に限って、新しいことを何ひとつ提案せず、行動も起こさないダメ社員ではありませんか？

うまくいくプロジェクトはたいてい、多少の懸念点があるにしても、それを上回るポジティブな空気がチームを覆っています。

「うまくいったら、俺たち社内で最高の栄誉を受けられるぜ！」

「もしバカ売れしたら利益率は半端ないよ！」

そんなことばかり言っている能天気なリーダーの率いるプロジェクトほど、意外と成功率が高い。それは当然で、チームがポジティブな空気になればなるほど、そのメンバーひとりひとりが意欲的になり、努力を継続できるから。「明るい面や楽しい面ばかりを考える」には実際的なメリットがあるのです。

●交際もしていないのに離婚のことを考えるな

２００８年に戻ります。そこで僕は、ひたすら成功のイメージを思い浮かべました。

「このクリニックで自分の本当にやりたい医療ができるはず」

「たくさんの人が来やすいクリニックになれば、きっと皆喜んでくれる」

「勤務医と違って上司から怒られることはない」

するど、開業に向けた準備が驚くほどはかどったのです。

悪い面を完全に無視しろとは言いませんが、人間はえてして、放っておいても悪い面ばかり考えてしまう生き物。多少強引にでも「いい面」だけに視野を狭めるくらいで、ちょうどいいのです。

もちろん、それでも悪いことは起こりますが、そんなものは「起こった時」に考えれば十分。起こってもいないことで前もって不安になるなんて、まだ交際がはじまってもいないのに離婚が怖いと怯《おび》えるのと一緒です。

そんなことより、どうしたら明日楽しいデートができるか、彼女の笑顔が見られるかだけを考えましょう。結果として交際が長続きするのは、もちろん後者ですよね。

●自分の本心に従うことが絶対的な正解

物事の悪い面ばかりが浮かんでしまう理由のひとつは、その人があらゆることに「気づきすぎて」しまうから。鋭敏、繊細と言えば聞こえはいいですが、度を越せば日常生活に支障をきたします。

たとえば、重度のうつ病の方は音に敏感で、ちょっとした物音にもいちいちビクビクしてしまいます。また、街で自分の顔をほんの一瞬チラッと見ただけの見知らぬ人が気になってしまい、「あの人が私を笑っている」「殺そうとしている」と被害妄想にさいなまれることもあります。

「気づきすぎる」のは、必ずしもよいことではありません。

以前、渡辺淳一《わたなべじゅんいち》さんの『鈍感力』がなぜあれほどベストセラーになったのかと言えば、多くの人が「世間の空気」を読みすぎる、気づきすぎるあまり、窮屈さを感じていたからでしょう。同書の主張である「些細《ささい》なことにとらわれぬよう、あえて鈍感になり、その上で前向きに生きる」は、現代人の理想とも言える生き方だと思います。

時に、世間の声に耳を塞《ふさ》ぐのもよいことです。

大切なのは、「世間一般ではこうだから」「会社の方針だから」「上司がこう言ってるから」「親が望んでいるから」ではなく、自分の意思です。自分の意思に従った行動を取っていないから、苦しくなる。外野がどう言おうと自分としてはやっぱり転職した方がいい——と漠然と思っているのなら、迷う余地はなく、それに従うことが絶対的な正解です。

常に苦しい人は、自分がちょっとでも気持ちが惹《ひ》かれることを、かたっぱしから実行してみてください。「世間一般ではこうだから」は一旦忘れましょう。結果として今の職場からは「逃げ出した」ことになるかもしれませんし、職場の人の目にもそう映るかもしれませんが、あなたは胸を張っていいのです。

なぜなら、その選択によって別の面倒臭さや苦しみを、あなたは積極的に引き受けたのだから。「逃げ出す勇気」を行使したからです。

逃げたいと思う気持ちを実行に移すのは、非常に勇気を伴うこと。そして非常に意味のあることです。

●ネガティブな人ほど、人間として優れている

実は、人間が放っておいても悪い面ばかり考えてしまう生き物だということは、DNA的な見地からも説明がつきます。

太古の昔、まだ人類が田畑を耕して定住する前は、狩猟によって生活を成り立たせていました。獰猛《どうもう》な獣を狩り、危険な濁流で魚を取る。危険がいっぱい、日々命がけの生活でした。

そんな時代に生き残るのは、常に最悪を想定できる人。つまり物事を悪いほうに考える人ほど、危機回避能力が高かったわけです。

そうして生き残った、「常に最悪を想定できる人」の子孫が我々です。であれば、人間がネガティブなのは当たり前ですよね。何万年も前からそういうDNAが刻まれてい

るのですから。

ビクビクして臆病《おくびょう》で逃げていた人ほど、無軌道に立ち向かう人よりも、子孫を残しやすかった。本質的な意味で人として強かった。「逃げ出したい」と思う気持ちは人として実に当たり前ですし、生物学的には強靭《きょうじん》な存在であるということ。「ネガティブな人ほど、人間として優れている」と考えてもいいくらいなのです。

●人間は命を温存するために逃げ出そうとする生き物

ところで、太古からの人間の最終目標が「命を温存すること」である以上、「逃げ出す」のは決して「自殺」を意味しません。

僕のクリニックには、死にたいほどつらいという気持ちを話してくれる方もいらっしゃいます。医師は患者さんの話を聞きますが、どこまで行っても、患者さんのつらさを１００％体感できるわけではありません。

ただ、「そんなにつらかったのに、よく今まで死なないでがんばってこられましたね」とは心から言えます。

死んでしまうことなく、なんとかしたいと願い、力を振り絞ってクリニックに来てくれた。これは大変なことです。その方の過酷な人生をすべて知り、一緒に苦しむことはできなくても、その方がどれだけがんばったかは、認めてあげられます。

もし、そこで患者さんが、「確かにそうだ。今まで死なないでやってこられた」と思ってくれれば、そこから話をはじめることができる。そのうえで、僕は死にたいと思っている方に、こう聞くようにしています。

「でも、本当は生きたいのではありませんか？」

すると、こう返ってきます。

「そりゃあ、できることなら生きたいです。だけど……」

だけど、の後には「仕事がつらい」「お金がない」「恋人と別れた」、だから死ぬしかないんだ、が続く。

でも、よく考えてみると、この言葉は「つらくない仕事につけたら死ななくていい」「お金があったら死ななくていい」「彼氏と元通りになれば、あるいは元彼以上に愛する人が現れれば死ななくていい」の裏返しでもある。であれば、それらを叶《かな》えるためには何ができるかを一緒に考えましょう、という糸口をつかむことはできます。

最終的に生きていれば勝ち。生きてさえいれば、後からどうにでもなります。今いる場所から逃げ出す脚力は、命を放棄するためでなく、命を温存するためにこそ使ってください。

●「完璧」の呪縛から逃げ出そう

あなたは「完璧《かんぺき》」を求めようとしていないでしょうか。

仕事や勉強、容姿や言動について、満点を追求していませんか？

悪いことは言いません。そこからすぐに離脱してください。完璧主義の人ほどうつに陥りやすい、という調査結果もあるほどです。

世の中には完璧な人間も、完璧な状態も存在しませんし、それを求める限り、いつまでたってもあなたは「自分の努力が足りない」「自分の能力が足りない」と自分を責め続けるか、運のなさに天を呪うでしょう。

アメリカにあるカトーバ大学のレニ・レシンガー博士によれば、「何事も完璧でなくてはならないと考える人は、総じて色々な行動を無意味に先送りにしてしまうことが多い」そうです。

「あれ、逆じゃないの？　完璧主義＝優等生＝前倒ししてやる人じゃないの？」と思われるかもしれませんね。でも、これが正しいのです。

完璧主義であればあるほど、とりあえずの段階で完成させることを嫌います。完璧主義者は、完璧な完成イメージが「降りて」こないと、いつまでたってもやるべきことに着手できません。

立派な絵を描かなければと思えば思うほど、真っ白な紙に最初の一筆を入れることができない。面白い文章を書かなければというプレッシャーにさいなまれる人ほど、一文字も書けない。いずれも同じ根っこです。

漫画家志望で「いつか、すごいマンガを描くんだ」と10年以上言い続けている人が、実は１作品も完成させたことがない……という話も聞いたことがあります。

完璧主義ゆえに着手を先延ばししてしまい、結局何もできない。そして「ああ、今日も何もできなかった……」という後悔と自己嫌悪でさらに落ち込む。ネガティブなスパイラルの典型です。

●脱・完璧主義の方法①　0・3×5＝1・5

完璧主義から逃げ出す方法は２つあります。
１つめは、「適当でもいいので、早くやってしまう」こと。
Facebook 社の創業者であるマーク・ザッカーバーグの名言にも「完璧を目指すより、まず終わらせろ（Done is better than perfect.）」というものがあります。プロの小説家やライターさんの中にも、「粗くてもいいから、とりあえず最後まで書く」ことを心がけている方が一定数いると聞きます。
中国古代の兵法家・孫子《そんし》も「兵は拙速を聞くも、未だ巧にして久しきを睹《み》ざるなり」

という言葉を残しています。

この真意は、「戦争というのは莫大《ばくだい》な金と時間と犠牲を払う大変なものなので、長引かせると国が弱体化する。だから完全勝利でなくとも、早く終わることが大切だ。拙速（うまくないけど早く終える）はOKだが、巧久（上手だけど長引く）はNGである」。

完璧主義者は「巧久」にこだわりすぎているわけです。

ですから、選ぶべきは「拙速」です。とりあえずの形でもいいから終わらせる、一応形にしてしまう。英語でもそうですよね。完璧主義の人は文法や発音の間違いを恐れるあまり、街で突然英語で道を聞かれた時に一言もしゃべれません。

一方、なんとなく通じればいいやという人は、多少間違っていても気にすることなくどんどん言葉を発し、だいたい通じます。英語の上達が速いのは、圧倒的に後者ですよね。

それでも、適当にやることに抵抗がある人は、これを実行してみてください。「3割程度の完成度でもいいので、5倍の速度でやる」

絵や文章なら粗い下書きレベルでＯＫ。であれば、いちいち考え込まずにちゃちゃっとできるでしょう。とにかく速度を上げることだけを意識してください。

３割を５倍でやる、つまり０・３×５＝１・５ですから、普通にやるより１・５倍も速く進行するではありませんか！　仕事に落として言うなら、粗く全体を仕上げてから、余った時間で存分に修正したり、精度を上げていけばいい。一応、形はできているので、心に余裕をもってそれができます。

●脱・完璧主義の方法②　ささやかなことでも自分を褒める

もうひとつは、毎日ささやかなことでもいいので、自分を褒めること。これはノートなどに日記形式で書きつけましょう。

完璧主義の人は、10個のうち10個が良くないとダメ、といった強迫的な気分に支配されています。１００点満点で95点を取れば十分喜んでいいはずなのに、「５点足りない」と悔やむ。ささやかなマイナスに注目しすぎてしまうのです。

そうではなく、ひとつでもいいところがあったらノートに書き出して自分を褒め、毎日繰り返しましょう。一日の終わり、寝る前がベストです。

褒める内容は、どんなささやかなことでも構いません。「朝送ったビジネスメールが、思いのほか綺麗《きれい》な文章で書けた」「会議で発言した自分の一言によって、議論が加速した」「駅のエレベーターで開ボタンを押したら、ベビーカーの母親にお礼を言われた」。続ければ、「こんなやり方でも、一応褒められるんだ」という意識によって、完璧でない自分を許容できるようになるでしょう。

初対面の人との会話がうまくいかなくて悩んでいる方にも、この方法はおすすめです。会話が全体にギクシャクして終わったとしても、その会話の中で一言か二言は、相手の良い相槌を引き出したり、相手の表情を晴れやかにしたりしたはず。それを思い出して書き出し、自分を褒めてください。次にその人と会う時は、もっとリラックスして話すことができます。

何より、書き出した言葉は、相手の記憶にも残っているものですよ。

完璧でない自分に寛容になると、完璧でない他人にも寛容になれます。結果として他人のふるまいに腹を立てることが減り、受けるストレスも軽減されていく。いいことずくめですね。

映画評論家の淀川長治《よどがわながはる》さんは、TVの「日曜洋画劇場」の映画解説の際、どんなに駄作でも決してけなさず、必ず何かを褒めました。

一般的に明らかに駄作と言われている作品であっても、小道具を褒め、女優の衣装を褒め、セリフのほんの一言を引っ張り出して褒める。それでも褒めるものがなければ照明を褒めた、という逸話もあります。

淀川さんは、完璧な映画など存在しないことは承知したうえで、映画というものすべてを目一杯愛していたのでしょう。淀川さんのような人にとって、世の中は完璧ではなくとも素晴らしいものに満ちあふれています。そんな人生を送りたいですね。

●「自責」と行動はセット

完璧主義者の人は自責、つまりすぐに自分が悪かったんだと責めるマイナス思考の傾向があります。とはいえ、「絶対にマイナスに考えちゃダメだ、ダメだ、ダメだ……」と、それこそシンジ君ばりに自己暗示をかける必要はありません。

マイナスを完全なゼロにする必要はなく、たとえマイナス思考になってしまっても、対策を講じて行動を伴わせればよいのです。

たとえば試験の結果が悪かった時に、単に落ち込んで自分を責めるだけではなく、「数学の証明問題が弱かったから、明日からそれを重点的に勉強しよう」「ケアレスミスが多かったから、次からは見直しを念入りにしよう」という行動、いわば努力目標をセットにするのです。

心理学者のベルナルド・ワイナーは「原因帰属」という理論を提唱しています。

ワイナーの原因帰属マトリックス

	安定要因	不安定要因
内的要因（自責）	A 自分の能力	B 自分の努力
外的要因（他責）	C 課題の難易度	D 運

人間は失敗・成功した際、その原因を考えようとしますが、ワイナーはそのパターンを4つに分類しました。「自分の能力」「自分の努力」「課題の難易度」「運」。そしてこれらは、2つの要因が掛け合わされたものです。

成功もしくは失敗の原因が自分自身にあると考える（内的要因）は自責的態度、自分以外にある（外的要因）は他責的態度。その原因が、何をどうしてもずっと変化しないものなら「安定的要因」、変化する余地があるなら「不安定的要因」です。

一例を挙げましょう。受験で志望校に落ちた時、あなたならどう考えるでしょうか？ それぞれの考え方がA）～D）に当てはまります。

「やっぱり私、あんまり頭がよくないんだ」…A）自分の能力
「もっと勉強すればよかった」…B）自分の努力
「この大学じゃ、レベルが高すぎたな」…C）課題の難易度
「まぁ、運が悪かったんだ」…D）運

ではこの大学の二次募集の試験を受けて合格したとしたら、どうなるでしょうか。

「やっぱり僕は天才だ!!」…A）自分の能力
「勉強した甲斐《かい》があった！」…B）自分の努力
「二次募集だもんな。簡単に入れるよ」…C）課題の難易度
「めっちゃラッキー！」…D）運

もうおわかりですね。自責タイプの完璧主義者は、何かの原因を内的要因に求めがちですが、自責自体は絶対に避けなければならないものではありません。A）の自責ではなく、B）の自責であればよいのです。

A）は安定的要因なので、失敗した場合に悔やむことしかできません。成功した時は一時的に快楽を伴いますが、その後のやる気や向上心には結びつかないのです。

B）は不安定的要因なので、失敗した場合は対策を講じて行動に移すことができます。

そして成功した場合は、自分の努力の賜物《たまもの》だと自己評価を上げることができます。

とはいえ、失敗した時、完全にB）だけを原因としてしまうと、「努力が足りなかったからだ……」と逃げ道がなくなってしまいます。そこで、適宜、C）やD）の他責要素も併せて活用していきましょう。

失敗して心がショックを受けたら、まずは積極的にC）課題の難易度やD）運のせいだと考えること。「ちょっと難しすぎたな」「運が悪かった～」。そうやって気持ちを緩める。でもその直後に、必ずこう思うようにするのです。

「でも、あと少しはがんばれた!!」

結論、完璧主義者はB）C）D）をバランスよく活用してください。

●休み方を知らない完璧主義者

完璧主義の人の中には、「休みの日にうまく休めない」という人がいます。

仕事に厳しく、平日はバリバリ働いて大きな成果を出しているし、その自負もある。

ところがいざ休日になると「非生産的なこと」ができない……。

彼らにとって休日に「遊ぶ」ことは「時間を無駄にする」のと同じであり、自責に至るわけです。結果、心身を回復させるためにどうリフレッシュしたらよいかわからない。つらいでしょう。

もちろん、それでも全然疲れていないとか、ネガティブな気分にさいなまれていないのであれば問題はありません。でも明らかに疲れている場合は、「強迫症状」が出ている可能性があります。

「強迫症状」とは、自分自身が常に何かに追われているかのような感覚のこと。常に何か、（彼らが言うところの）「生産的なこと」をしていないと不安でしょうがないのです。

そういった場合は、とりあえず「少しだけ」休んでみてはいかがでしょうか。

まるまる一日休みを取るのが不安なら、まずは5分でもいいから休憩してみてください。それで全体が滞ることはありませんので、次は5分を10分に、10分を1時間に、そして3時間、半日と少しずつ増やしていきましょう。「休んでも、自分の生産性には影響がないんだ」ということを体に覚え込ませるのです。


では、具体的には何をして休めばよいのでしょうか。

実は体力と精神力は源泉が一緒なので、精神力が落ちているときは体力も落ちているし、体力が落ちているときは精神力も落ちています。

ですから、いくら仕事と無関係だと言っても、テーマが深刻すぎたり、難しかったりする映画や、アーティストの激しい心の叫びを受け止めるのに大きなパワーがいる音楽などは、避けたほうが無難。マッサージに行くとか、近場の温泉に入るとか、思考をあまり使わない読書（軽いマンガや何度も読んだ本）などがよいと思います。

●自分の不完全さと「うまくつきあう」

完璧主義の人は何をするにしても「オール・オア・ナッシング」で考える傾向があります。「白か黒か」をはっきりさせないと気が済まない。世の中には勝者と敗者しかいない。うまくいって大成功か、うまくいかなくて大失敗かしかない……。

でも、物事にはもっとグラデーションがあります。白と黒の間には、無数の「グレー」がありますから、じっくり観察して、たっぷり時間を使って、自分にとって一番しっくり来る「グレー」を選べばいいではありませんか。そのほうが結果的に、自分にとって一番快適な状態を手に入れることになるはずです。

実は精神科の治療の基本理念も、これに似ています。「この症状にはこの薬を処方すれば治る、以上！」ではなく、こっちの薬をちょっと減らして、こっちをちょっと増やして、症状に変化が出てきたからまた薬の配分を変えて……こんな微調整の繰り返しによって、患者さんが回復するお手伝いをするのです。

なぜドカンと一気に治療しないのか。それは、患者さん一人一人にとって「完治」が異なるからです。

薬を飲みながらでも、仕事に戻れているから善し、とすることもあります。そもそも個々人の心のありようにたったひとつの「正解」があるわけではありません。要は、自分の心のありようがどうあれ、社会生活に支障を来さない程度にうまくつきあえれば、それでよいのです。

●悪者の大腸菌とも共存できる

「うまくつきあう」というのは腸内細菌のコントロールに似ています。腸の中には、大きく分けて「善玉菌」「悪玉菌」「日和見菌」の3グループが存在しています。このうち「日和見菌」は、善玉菌と悪玉菌のバランスによって、いい作用をすることもあれば、悪い作用をすることもあります。

さてここで「じゃあ悪玉菌と日和見菌を完全に殺菌してしまえばいいのでは?」と思

うかもしれません。しかしもしそれを行うと、それらがなくなったスペースに、さらに悪い菌が繁殖してしまう可能性もありえるのです。

ネガティブなものも存在しつつ、「バランスの中」で腸は安定しているのです。

これは心についても同じではないかと考えます。

悪い考えや、落ち込みがあって当然で、それを完全に取り除こうとする必要はありません。それらが存在しつつ、全体で安定していればいいのです。

一方、外科系の治療法は逆で、どちらかというと根絶を目指す「オール・オア・ナッシング」の発想です。理由は、精神科に比べて比較的「完治」の定義が明瞭だから。「骨折した骨がくっついたら完治」「血中の数値が正常範囲内に戻ったら完治」など。そういう意味では完璧主義の人は、どちらかといえば外科的な発想の人だとも言えます。

「自分の〝病気〟を治さないとダメ」なのではなく、少しの不具合があったとしても、その症状とうまくつきあって、社会生活さえ問題なく送れればいい。それくらいに考えてもよいのではないでしょうか。それこそ、「完治がマスト」にとらわれている完璧主義からの脱却です。

完璧主義という苦しみの檻《おり》から、一日でも早く逃げ出してください。きっと楽になりますよ。

第3章　逃げ道と逃げ場所を作る

この章では、第2章の最後で説明した「完璧《かんぺき》主義」から脱却するための逃げ道や逃げ場所の作り方を、より具体的に伝授しましょう。

●たった5%でいい

まずは「5%ルール」です。

ある仕事を3時間で終わらせたとします。しかしあなたはこれに不満で(さすが完璧主義者ですね)、本当は2時間で終わらせて、あと1時間は別の仕事を進めたかった……と悔やんでいるとしましょう。

翌日、あなたは同じ仕事をなんとしても2時間で終わらせようとします。しかし意気込んだところで、そううまくは行きません。手を速く動かしたり、トイレや一服する時間をなくしたりして、少しは短くできるかもしれませんが、同じ物量を3分の2の時間で終わらせるのは、どだい無理があります。

結果あなたは、「2時間で完了」を達成できなかったことについて、自分を責め続けるでしょう。まったく、いいことなしです。

そこで解決法です。何かを鍛錬したり成長させたりしたい時には、とりあえず「5%だけ」を意識するようにしてください。

3時間の作業時間をスピードアップしたい場合、180分の5%、つまり9分だけ短くしようと目標を設定するのです。これなら比較的容易にできるのではないでしょうか。たった5%と侮ってはいけません。「5%短縮」を確実に4回続ければ、0・95の4乗、約0・81です。つまり20%近くも削減できることになるではありませんか！

これは仕事の量だけでなく、質や精度に関しても言えます。「前回より5%、濃密な内容にしよう」「前回より5%、正確さを追求しよう」

あなたが健康のために筋トレをがんばっているなら「前回より5%だけ腹筋運動の回数を増やそう」。なかなかお酒がやめられないなら「いつもより飲む量を5%だけ減らそう」。売り出し中の劇団員なら「前回の公演よりお客さんを5%多く集められるようにしよう」。どんな人、どんな場合にも使えます。

英会話など何か新しい勉強、自己研鑽《けんさん》のための趣味、起業のための準備、筋トレ……何かをはじめたいと思った時も「とりあえず5％」です。まずは1ヵ月31日間のうちの5％である約1・5日、土日どれかの1日か2日だけ、やってみればいいのです。仕事が毎日忙しくてなかなか時間が取れなくても、これならできそうではないですか？

常に少しだけの変化、「まずは5％」を意識していれば気持ちが楽になり、行動のハードルはぐっと下がるでしょう。

●「紙のクライマックス」を設定する

もちろん、3時間の作業時間をいきなり2時間にできる人も、世の中にはいるかもしれません。しかし、それでは達成できなかった時のリスクが高すぎます。そのリスクとは、「達成できなかったことで襲ってくる罪悪感、劣等感、後悔」などです。

それよりは、「小さくてもいいので、やり遂げた快感」を取ってください。これを僕は「紙のクライマックス」と呼んでいます。クライマックスとは「絶頂」のこと。

電話帳を素手で破れる人はたしかに賞賛されますが、それができるのはごく一部の力持ちだけ。たった1枚の紙でも、軽快に「ビリッ」と破れば快感を得られますよね。これが紙のクライマックスです。

分厚い電話帳に何度もトライして「俺は非力だ……」と沈むなんてバカバカしいこと。手軽な達成感を自分に与えてやるのです。


紙のクライマックスは「目標を分割する」テクニックでもあります。食べにくい肉の塊も、細切れにすれば消化しやすくなるのと同様、１０００ページの電話帳を1ページずつバラバラにすれば、確実にすべてを破り切ることができます。

高くて険しい山を前にすると、こんなすごい山、登れるかな……と心配になりますよね。そんな時は頂上からあえて視線を外し、とりあえず約4㎞ごとに設置された一里塚を目標にして歩くのがコツです。

一里塚に到着したら次の一里塚を目指し……を繰り返すことで、気持ちが挫《くじ》けることなく登りきれるでしょう。「千里の道も一歩から」とは、よく言ったものです。

●よくできたＲＰＧを見習おう

総プレイ時間が何十時間にもなるＲＰＧを、なぜ我々は楽しみながらプレイすることができるのでしょうか。それは、「ラスボスを倒す」という一筋縄ではいかない巨大な目標が、とても細かく分割されているからです。

ゲームがスタートすると、主人公がすべき小さな目標が提示されます。たとえば……。

「隣村に行って、剣の材料になる鉄を買ってくる」

それが達成されたら次は、

「鍛冶屋《かじ》に行って剣を作ってもらう」

「剣を使って街を占拠しているモンスターを倒す」

「倒したモンスターが持っていた鍵《かぎ》を使って洞窟《どうくつ》の宝箱を開ける」

「宝箱に入っていた魔法の杖《つえ》を使って湖の水を蒸発させる」

「湖の底にある洞窟に行く」……。

それを繰り返すことによって主人公はどんどん強くなり、プレイヤーの技術も上がり、より強い敵を倒せるようになるわけです。

よくできたRPGはこの目標分割がとても巧みに、うまくできています。破って気持ちいい紙のクライマックスが、何百枚も用意されているため、結果的に何十時間もかけて何百枚もの紙を破っていても、全然苦痛ではありません。1枚1枚の紙が薄いため、破るために使う筋力よりも破る快感のほうが、圧倒的に勝っているからです。

もし目標が分割されていなかったら、どうなるでしょうか。

ろくに武器も持っていないHP（ヒットポイント）20程度の主人公が、王様からいきなり「HP999のラスボスを倒せ。そのためのプレイ時間は最低100時間だ。覚悟しろ」と宣告されたら、まったくやる気が起きないでしょう。紙のクライマックスにたとえるなら、いきなり極厚の電話帳を渡されるようなものです。極めてマゾヒスティックなゲーマー以外は、楽しくもなんともありませんよね。

●やめても、またやればいい

語学習得にせよ、スポーツの習熟にせよ、スピーチスキルの向上にせよ、何かを成し遂げるには、日々の鍛錬が大切。その鍛錬を習慣化することで身につくと言われています。

ただ、誤解している方が多いのですが、習慣というものは、決して「オール・オア・ナッシング」がマストではありません。もしあなたが何かの決意——朝のジョギングでも、断酒でも、英会話でもなんでもいいです——をして、それが続かなくて3日でやめてしまったとしても、悲観することはないのです。

思い出したら再開すればいいだけ。それだけのことです。

3日やって、3日さぼって、また3日やって、また3日さぼって……でもなんら問題なしなのです。なぜなら、「3日やって3日休む」ペースがもしこの先も続くなら、人生の半分は「毎日やっている」ことと同じだから。何もしないより、ずっと意味があります。

完璧主義者たる「オール・オア・ナッシング」思考の人は、一度やめてしまったらもう意味がない、価値がないと嫌気が差し、諦《あきら》めてしまう傾向にありますが、そんなことはありません。

「一度挫《ざ》折《せつ》してしまったから、もう二度と取り返しがつかない」などということは、この世にひとつもないのです。

転職や留学、趣味やスポーツといった新しいチャレンジには、相応の決意や、時間的・金銭的コストがかかりますから、いざやろうとなると躊躇《ちゅうちょ》しがちです。

たとえば登山に興味を持ったとしても、本格的な登山用具は何万円もすると知れば、「もしやめてしまったら無駄になる……」という考えが頭をもたげてしまい、なかなか踏み切れません。

しかしこれは「オール・オア・ナッシング」思考――やるなら完璧に。完璧でなければやった意味はない――の弊害です。新しい趣味によって人生が豊かで刺激的になる可能性を、みすみすドブに捨てているからです。

●〝三日坊主教〟に入ろう

この「オール・オア・ナッシング」思考から逃げ出せると、人生は着実にチャレンジングなものになります。登山にしても、「いつやめてもいい。またやりたくなったら再開すればいい。道具も無駄にならないしね」と思えば、もう少し気軽にはじめられませんか？

途中でやめたとしても、それまでにあなたがやってきた蓄積は、絶対に無駄になりません。いつか再開した時にもまた活《い》かせます。

このような〝三日坊主教〟の信者は、人生のフットワークが軽くなります。興味を持ったものは、物怖《ものお》じせずかたっぱしからやってみようとしますし、いくつになっても勉強意欲を失いません。飽きっぽく、やってはやめて、やってはやめてでも、いいのです。

彼らは何かをやっていない人よりはずっと幸せですし、手をつけたことのうちいくつかは、三日坊主が積もり積もってそれなりに熟達していることも多い。昔ちょっとだけやってみたことが、何年後、何十年後かに別のことに生きてくることも、山ほどあります。

人生を豊かにする〝三日坊主教〟への入信、おすすめです。

●知らないことを知ったかぶりしなくてもよい

会議の席や大切な人との会話の中で、知らない話題や言葉が出てきた時、あなたはどうしていますか？

知っているフリをしてその場を乗り切るのもひとつの処世術ですが、知ったかぶりで打つ相槌《あいづち》はとても危険。なぜなら、後々ひとつでもボロが生じると、それ以外のあなたの発言も信用されなくなってしまうからです。「オオカミが来たぞ」と嘘ばかりついていた少年が、本当にオオカミが来た時に信じてもらえなかった、あの教訓ですね。

このように、「あるひとつの事象に対する印象が、他の事象の印象にも伝染する」ことを、心理学用語で「連合の法則」と呼びます。

いつも遅刻ばかりしている人は、会議で言っていることも信用されません。逆に、好感度の高いタレントがおすすめする映画や本などは、そのタレントがことさら映画通でも読書家でもなくとも、皆が「おもしろいに違いない！」と興味を持ちます。

連合の法則に従うなら、知ったかぶりの相槌はリスクが高すぎます。とはいえ、「知りません（キリッ）」では、会話も続かない……。


そこでおすすめしたいのが、完全に知っている知識を話すことです。

取引先で「御社の商品を使っている人の年齢構成比はどれくらいでしょうか？」と聞かれて即答できなければ、「一見して若い人だけに好まれているように見えますが、実は65歳の方からも商品アンケートの回答があったんですよ。そこにはこう書いてありました……」と自信満々に答えればいいのです。

意中の相手から「『△△』って映画の●●って監督は好き？」と聞かれ、『△△』も●●もよく知らないのなら、「『△△』はラブストーリーだよね。ラブストーリーなら、

『▲▲』もおすすめだよ。なんてったって……」と話し始めればいい。

単なる話題のすり替えじゃないかとお思いでしょうか。

でも、ビジネスの場で「できる」と言われる人は、結構このテクニックを使っています。家電量販店の販売員の方でも、機能について質問攻めにされて答えられない場合、ダメな人だと「えーと、少々お待ち下さい……」とマニュアルを探しますが、できる方は早々に質問を流しながら、「この製品のすごいところは！」といつの間にか得意気に話し始めます。

●話の内容のインパクトはたった７％

心理学では「メラビアンの法則」というものがあります。

人と人とのコミュニケーションでは、

ボディランゲージ　55％

声の質　38％
話の内容　7％

という重要度になる、という法則です。

もちろん、この数字が厳密に正しいわけではありません。

それ以降の心理実験では、

「話の内容は、さすがに7％より多いんじゃないか」

などの結果が証明されたりしました。

しかしいずれにしても、「ボディランゲージ」や「声の質」が大切である、というのは変わりない事実。たとえば「愛してる」というセリフも、鼻毛を抜きながら伝えたり、裏声で伝えたりしたら、相手は決してOKしてくれないでしょう。

逆に何も言わなくても、すごく真剣に相手の顔を見つめているだけで、気持ちは痛いほどに伝わるはずです。

カリスマ起業家やスピーチのうまい政治家の話を文字化してみると、実はたいして内容のないことしかしゃべっていなかったり、聴衆からの質問にまともに答えていないにもかかわらず、なぜか演説でものすごく人を熱狂させる例がありますよね。あれはまさにそうです。

それに、自分が得意で詳しい分野の知識を披露することで、ポジティブな意味での「連合の法則」が適用され、あやふやな知識の言葉にも説得力が上乗せされるというメリットもあります。

知らないことを「知っている」と言うなんて、そんな危険な賭《か》けはやめて、自分の得意なことだけをしゃべりましょう。

●「逃げ道」をたくさん作っておく

ペンシルバニア大学の心理学者ギリハムは、「常に多くの選択肢を考えておくことは、精神を安定させる効果がある」と述べています。

これは、「こうでなければならない」という強迫観念からどう逃れるかという話です。

「選択肢」は「逃げ道」と言い換えることもできるでしょう。

たとえば、意中の相手と初デート。遊園地に行こうと計画したまではいいですが、当日の天気や相手の好みが読めません。その遊園地の名物はジェットコースターなので、ぜひ一緒に乗りたいのですが、当日雨が降っていたら、びしょ濡《ぬ》れになってしまいます。また、相手はジェットコースターが苦手かもしれませんし、大人気で3時間待ちかもしれません。

もしあなたが、「この遊園地に行くならジェットコースターに乗らなきゃだめ。行く意味がない！」という気持ちにとらわれていると、デートの日まで気が気ではないでしょう。雨が降ったら台無しだ、彼女が機嫌を損ねたら一巻の終わり……。

ですからあなたが心がけるべきは、「ジェットコースターじゃなきゃだめ」という執着をさっぱり捨て、「ジェットコースターじゃなくても、いいじゃん」という別の選択肢、逃げ道を豊富に作っておくことです。

「土砂降りだったり寒かったりしたら、室内のステージショウに行こう」「もし絶叫系が苦手だったら、メリーゴーラウンドがいいかも」「列が長すぎたら一旦《いったん》ランチを挟もう。近くにレストランは……」

これはいわば保険のようなもの。いざという時のためにたくさんの保険に入っておけば安心、人生と同じです。

●B案はA案の妥協案ではない

逃げ道作りは様々な局面で活用できます。

たとえばクライアントへの提案。「もしA案は予算の折り合いがつかないと言われたら、リーズナブルなB案を出そう」「企画内容がいまいちだと言われたら、もう少し無難なC案を出そう」。そんな準備をしておけば、かなりリラックスしてプレゼンに挑めるでしょう。

志望校や就職活動も然《しか》り。ほとんどの人は第一希望の学校や会社には入れませんし、むしろそれは当たり前です。

「その学校に受からなければ、人生は終わりだ」「その会社に入れなければ、一生うだつが上がらない」。そんな考えは捨てましょう。だって、冷静に考えて、たったひとつの学校、たったひとつの会社で人生が決まるはずはないのですから。

大切なのはB案やC案が、決して「A案の妥協案」ではないということです。

誰がどういうプレゼンをしたところで、通らないものは通らない。あなたのせいではありません。たまたま、そのクライアントの要望にフィットしなかっただけのこと。むしろB案やC案のほうがクライアントにとってはベストな提案だったということが判明したのですから、御の字です。

なんとしてでもA案を押し通そうとする努力は、ドラマチックでカッコいいかもしれませんが、本人も周囲も確実に摩耗します。誰も得をしません。真正面からバカ正直に突進して、無駄に傷を負うだけです。

他の選択肢＝逃げ道を作っておくのは、「三日坊主になっても、まあいいや」と同じく、気持ちに余裕を生む行為。「これじゃなければならない」に比べて、ずっとポテンシャルを発揮できます。

逃げ道作りは決して卑怯《ひきょう》でも姑息《こそく》でもありません。心の安定のために、たくさんの逃げ道を用意してください。

●逃避は気休め以上の効果がある

「逃げ出す」以上にネガティブな響きのある言葉に「逃避」があります。でも「現実から目をそらす、一時しのぎの気休めでしょ？」とバカにするのは早計。実は「逃避」にもちゃんと効果があるのです。

気持ちが落ち込んでしまい、立ち直ることができない時、つらい気持ちを我慢してまで何かに取り組む必要はありません。むしろ現在置かれている状況とはまったく関係のない、幸せな気持ちに、自分を「逃がして」あげてください。

それに役立つのが、「神経言語プログラミング」という心理技術のひとつである「アンカリング」です。

たとえば、幸せな体験をした時に「手をこすり合わせる」といった特定の行動を伴わせるようにしておくと、後から手をこすり合わせるごとに、幸せな気分に浸ることができる。これが「アンカリング」です。

これを応用して、気分が沈んでいる時は声に出して「ありがとうございました」と言ってみてください。

なぜ「ありがとうございました」なのでしょう？　それは、多くの人にとって口に出して「ありがとうございました」と言うタイミングとは、何かいいことをしてもらった時だから。誰しも「ありがとうございました」は幸せな記憶と結びついているからです。

落ち込んでいる時に「ありがとうございました」なんて、変だよ……なんて言わないで、試しにやってみてください。不思議と、幸せな記憶が解凍されるはずです。

●心に永遠の美女を住まわせる

もうひとつ効果のある逃避に、心の中に「永遠の美女（美男子でもＯＫ）」を常駐させるという方法があります。あなたが作りだす理想の存在で、知性的で頼りがいがあり、未来を見通す。あなたを愛し、見守り、導く。優しく包み込み、想像するだけで癒《いや》される、都合のよい「理想の人」。彼女（彼）を自分の中に住まわせるのです。

つらいことに押しつぶされそうになったら、彼女（彼）にこう言わせましょう。

「大丈夫だよ。大丈夫だよ。大丈夫だよ」「大好きです。大好きです。大好きです」

そして最後は「すべての失敗は、成功のために不可欠なステップなのですよ」という言葉で締めくくってください。

架空の存在とはいえ、肯定されたことで癒され、気持ちがきっと楽になります。

何をバカバカしい……と思われますか？　いやいやどうして、これが意外と効くのです。どうせ誰にもバレませんから、騙《だま》されたと思ってやってみてください。結果的に心が楽になるのですから、都合のいい妄想上の異性がひとりやふたりいたって、いいじゃないですか！

●心の中の「真夏のリゾート」に逃げ込む

もっとも単純な戦略的逃避として、ぜひ「真夏のリゾート法」は試していただきたいと思います。

このメソッドの下敷きになっているのは、ドイツの精神科医ヨハネス・ハインリヒ・シュルツが提唱した「自律訓練法」という有名なリラクゼーション技法ですが、結構難しいので、僕のほうで勝手にアレンジ・簡略化しました。

【真夏のリゾート法】

ここは抜けるような青い空と透き通るような海に囲まれた、美しいビーチ。太陽がさんさんと降り注ぐ中、あなたはゴム製のやわらかいデッキ・チェアに寝そべってリラックスしています。

目をつむり、①〜⑦を順に想像してみてください。

①手足がデッキ・チェアに深く沈んでいきます（手足が重〜い）
②太陽があなたを優しく照らします（手足があたたか〜い）
③ゆったりとした音楽が流れています（心臓が静かにゆっく〜り）

ここで、美しい女性もしくはカッコいい男性が現れます。

④大きな扇で静かにあおいでくれます（呼吸がラク〜に）
⑤ホットカクテルを飲ませてくれます（胃があたたか〜い）
⑥おでこにローションを塗ってくれます（額が涼し〜い）
⑦ローションで体中をマッサージしてくれます（快感と喜び、再び手足が重〜い）

「真夏のリゾート法」は、電車の中、風呂《ふろ》の中、就寝前のベッド、どこでもできます。会社でも家でも休めない。そんな人は心の中のリゾートに逃げ込んでください。リフレッシュして、きっと明日からまたがんばれるはずです。

●「△△してはいけない」の呪縛から逃げよう

ネガティブな気持ちに覆われ、「これではいけない、前向きにならなきゃ！」と焦れば焦るほど気持ちが空回りして、どうにも八方塞《はっぽうふさ》がりになってしまう。そんな時は、いっそマイナスに浸りきってしまうのも得策です。

眠気に襲われて集中できない時は、すぱっと短時間だけ仮眠を取る。それで効率が上がりますよね。そんな感じです。

こういう時は、心理療法のひとつ「ゲシュタルト療法」を利用してみましょう。これは、「ネガティブになった時には自分の気持ちをはっきりと認識し、言葉で外に出すことが大切」と説くものです。

落ち込んでしまったら、まずそれが「怒り」なのか「悲しみ」なのかを明確にしましょう。ネガティブな感情とは、たいていこの2つのどちらかに分類されます。

その後、原因を特定しましょう。「部長、あんな言い方しなくてもいいのにな」「あいつのせいで俺の仕事が遅れて評価も下がった」「妻に出て行かれてしまった」「つい無駄遣いしてしまった」など。とにかく、「今の自分は●●のせいでムカつく」「○○のせいで悲しい」と、自分に対して宣言するのです。

宣言ができたら、1分間だけ「ムカつく」もしくは「悲しい」を頭のなかで連呼してください。


「ムカつくムカつくムカつくムカつくムカつくムカつくムカつくムカつくムカつくムカつくムカつくムカつくムカつくムカつく！」

「悲しい悲しい悲しい悲しい悲しい悲しい悲しい悲しい悲しい悲しい悲しい悲しい悲しい悲しい悲しい悲しい悲しい悲しい！」


この1分間だけは、ひたすらマイナスの感情に浸りきるのです。

それでマイナス感情が助長されないかって？　心配無用です。実はある実験によれば、「一定時間はマイナスなことも考えていい」としたグループは、そうでないグループに比べて、気持ちが晴れやかになったそうです。実際、気持ちが曖昧《あいまい》なままでは、いつまでたってもネガティブの泥沼から抜け出すことはできません。

映画や小説などでよく登場する「悲しい時は思いっきり泣け」というセリフは、単に甘えていいよという意味ではありません。少しでも早く回復してまたがんばるためのテクニックなのです。

●緊張しても大丈夫

自分に課した過剰な「△△してはいけない」は、必ずしも良い結果を招きません。緊張しいの人が「緊張しちゃダメだ！」と自分に言い聞かせまくった結果、余計に緊張してしまうケースもまさにそれ。

人が何か大きな事を成す際には、必ず緊張するものなのです。それはたとえて言うなら、水に飛び込む前に準備運動をしたり、出勤前にヒゲを剃《そ》ったり化粧をしたり、ご飯を食べる前に割り箸《ばし》を割ったりするのと同じ。省くべきではない、当然のプロセスです。

緊張するのは当たり前。その証拠に、どんな一流スポーツ選手も、試合前や競技前には緊張するそうです。

ただ普通の人とスポーツ選手との間には、ひとつ違いがあります。普通の人は緊張をよくないものと捉《とら》えますが、スポーツ選手は緊張を楽しんでいるのです。

「緊張を楽しむ」がどんな状態か、うまく想像できませんか？　であれば「武者震いしている」とか「ドキドキしている」がもっとも近いです。

「武者震い」は、大事を前にした心地よく勇猛な緊張感です。決して恥ずかしいことではありません。

「ドキドキ」は恋愛が始まる時に起こる、例のアレ。これから体験する甘い時間と嬉《うれ》しい感情の乱れ打ちにワクワクが止まらない！　そんな緊張感ですね。

緊張はどんどんしてください。そして楽しみましょう。

●気分が落ちたことに抵抗しなくていい

気分が落ち込めば、仕事や学業が滞るのは当たり前です。でも、それを「時間のロス」だとか「生産性が低下した」と考えなくてもＯＫです。

学校の勉強にたとえるなら、気分が落ちて授業に集中できない時は、「人生の自習時間」だと考えましょう。月曜から金曜まで、きっちりスケジュールされた科目にガリガリと取り組むのは一旦休み。いつもとは違うことを学ぶ時間が、ふいに神様から与えられた。そう考えてください。

自習ですから、何をやっても構いません。普段は読めなかった、仕事とまったく関係のない読書。以前から観たかったけど時間がなくて観られなかった海外ドラマシリーズ全話イッキ見。マンガ喫茶に入り浸って好きなマンガをイッキ読みなんてのも、いいですね。のんびり温泉に行ってもいいし、普段降りない駅で「ぶらり途中下車」なんてのもオツなもの。

その体験のひとつひとつが、月～金で詰め込み授業を受けていた時には決して体験することのできなかったことばかり。決して「時間のロス」でも「生産性の低下」でもありません。１分１秒たりとも無駄にはならない、その後の人生の血肉になる経験です。

なので、気分が落ち込みやすいという自覚のある人は、自習時間にふさわしい「やるべきこと」を前もってリストアップしておくのをおすすめします。

●科学的データが示す「人生は連戦連勝ではない」

ただそれでも、本業のほうの仕事や勉強の滞りがどうしても気になってしまう人に言いたいのが、「人間は常に連戦連勝できない」という、科学的事実です。

アメリカの心理学者クラークは、35名のプロゴルファーの成績を３年間にわたって追跡したところ、一定以上の好成績を保ち続けたのはたった２名だけという調査結果を得ました。後に別の31名で調査した際はさらに少なく、一定以上の好成績を保ち続けたのはたった１名だったそうです。そう、「ずっと好成績」なんて、ありえないのです。

誰しも好きな作家やミュージシャン、映画監督がいると思いますが、どんな才能のある人でも、発表した作品がすべて傑作ということはありませんよね。どんなに天才と謳《うた》われている人でも、必ず低迷期があったり、駄作を世に出してしまうもの。モーツァルトであろうが手塚治虫《てづかおさむ》であろうが、同じです。

ビジネスでもそうです。成功した起業家として真っ先に名前が挙がるApple創業者のスティーブ・ジョブズですら、どれほどビジネスで失敗し、売れない商品を世に出したか。ちょっと調べればすぐにわかります。

グーグル社もそう。近年もっとも成功した世界的IT企業に数えられますが、短期間で終了したサービスも山のようにあります。グーグルが発表して全然流行《はや》らなかったSNS「Google Wave」なんて知ってますか？　そんなものです。

人は、一度なにかがうまくいくと、次にうまくいかなかった時、その「落差」に不安を感じてしまうものですが、それはまやかしです。

うまくいったり、いかなかったりというのが普通。健康な人でも朝と夜で血圧が変化したり、夏と冬で体重が多少増減するのと同じ。心配することはありません。

マンガの神様やＩＴ業界の巨人ですら連戦連勝ではないのですから、私たちが連戦連勝できなくても悩むことはないのです。

最終的な勝敗がとんとん以上になれば、それで御の字。どんな偉人も、そうやって名を残しているのですから。

●日記は悩みの特効薬

何かにつけて、すぐネガティブな意味付けをしてしまう人がいます。

あるひとりの知り合いに宛てたメールの返事がないだけで「俺は知り合い全員から嫌われているんだ。何かまずいことをしたんだ」と考えたり、たった1回取引がうまくいかなかっただけで「俺はこの仕事に向いていない」と落ち込んだり……。

こういった思考のクセのことを、心理学では「認知のゆがみ」と呼びます。無関係なはずの二事象を関係あるものとして結びつけ、悪く解釈してしまうわけですね。

そんな認知のゆがみを治す格好の特効薬が、日記をつけること。そしてその日記には、単にその日に起こったことを書きつけるのではなく、必ず「客観的事実」と「主観的感想」を1対1の比率で書いてください。

たとえば取引が失敗したとすれば、「客観的事実」は「先方のリクエストを満たす企画を提案できなかった」。「主観的感想」は「この会社にいる価値がないと思った」です。

しかしこれを後から読み返してみると、意外と冷静になれます。「たった1度の取引に失敗しただけで会社にいる価値がないなんて、俺、飛躍しすぎ（笑）。社長や部長だって若い頃にたくさん失敗したはず！」

時間を置くことで、物事を俯瞰《ふかん》して客観視できるのです。

面倒な人間関係でストレスを溜《た》めている人にも、日記はおすすめ。迷惑な人の言動で心が乱れたり、腹を立てたり、悔しさで一杯になったり。そういう時は自分の考えや気持ちを見失っていることが多いのです。日記を書けば、自分が一体どんなことで混乱していたのかが整理され、心が落ち着きます。

●日記で破局を避けられる？

日記は本当の自分の気持ちを正確にあぶり出す、格好のツールです。

職場がどうしてもつらくて、会社をやめるべきかどうか悩んでいる人にも、僕は１週間くらい日記を書いてみることをすすめています。１日の終わりに、「今日は逃げたいと思った」「今日はやっぱりこの職場にいるのがいいんじゃないかと思った」などと書きつけ、１週間ほど続けると、自分の中で多数決投票ができるのです。

その結果、絶対的に「逃げたい」日が多いのであれば、やはり一時の気の迷いではなく心の底からやめたいんだと判断して、転職先を前向きに検討すればいい。逆に「まだいてもいいかも」と思える日が多いのなら、とりあえず踏みとどまってみてもよいでしょう。

人間は、今この瞬間に心を覆っている状態で物事を判断しがち。しかし過去に感じたことも併せて重大な判断を下さないと、「一時の気の迷い」になってしまいます。日記によって過去の自分が感じたことを思い出し、過去の自分と今の自分で多数決をしてください。

男女交際においても日記は効果的です。ケンカした勢いでいきなり別れを切り出すのではなく、「あいつにもいいとこあるしな」「いや、絶対許せない！」そんな多数決を取ってみましょう。後悔することが、きっとなくなるはずです。

●毎朝起きたら「赤ちゃん」になる

半年前の悩みが何だったか、思い出せますか？　では1ヵ月前なら？　意外と思い出せないはずです。人によっては1週間前の悩みすら、思い出せないんじゃないでしょうか。

これは逆に言えば、今どんなに深刻に悩んでいても、1週間後、1ヵ月後、半年後にはもう忘れている程度の話であるということ。つまり、気にしなくてもいいレベルの悩みだということです。

こんな心理学の調査があります。大地震の被害に遭った人たちに、その地震直後に幸福度を聞くと、被災していない人に比べて低い値が出ました。これは当然ですね。ところが半年もすると、被災していない人と同じ水準の幸福度に戻っていたのです。大地震に遭った人ですら、半年で回復する。人間は、かなりつらいことがあっても、ちゃんと元に戻れる力を持っている。言い換えると、つらいことをいい意味で「忘れる」能力があるのです。

「忘れる」とは、「過去の自分と現在の自分を切り離す」行為です。

僕自身、つらいこと、嫌なことはありますが、そんな時は、毎朝目が覚めるたびに、自分はたった今生まれた「赤ちゃん」だとイメージするようにしています。

その赤ちゃんたる自分はその晩、床に就く時に死にます。でも翌日また新しい赤ちゃんが生まれて、新しい１日を生きる。１日ごとに人生を区切る、リセットするのです。

いつまでも過去の失敗を引きずる人は、「今日は昨日の続き、昨日はおとといの続き……」と考えるため、今までの人生のすべての失敗や後悔が現在の自分と切り離せなくなり、身動きが取れなくなってしまいます。過剰な自責を引きずり、自罰的になってしまう人も多いでしょう。

そこで、毎朝赤ちゃんとして「生まれ変わる」ことにより、過去の自分が犯した失敗は「今日の自分とは違う人間」がやらかした――くらいで受け止めるようにするのです。「どうしてあの時、あんなことをしてしまったんだ！　どうして……」の無限ループをこれで断ち切りましょう。今できる最高のことをやるべく、過去の自分を今と切り離して考えるのです。

●人生は『スーパーマリオブラザーズ』

「毎朝赤ちゃんになる」は、『スーパーマリオブラザーズ』のようなステージクリア型ゲームと同じ。ワールド1－3とか8－2なんてありますよね。ステージを攻略している最中に、過去のステージで犯したミスを悔やんでもしょうがない。どっちみち戻れないんですから。

　であれば、今プレイしているステージのクリアに全力を尽くすべし。その日を精一杯生きていくのです。

　もちろん、同じ失敗を繰り返さないよう、ある程度反省はすべきですし、「過去の自分は関係ないで〜す」と完全な無責任を決め込むのもいけません。自罰的になりすぎるとか、今日の仕事が手に付かないくらい落ちてしまった、落ちてしまいそうな時に、この「赤ちゃん化」を使ってください。

　生まれたての赤ちゃんは、何をしてもすべてプラス。言葉を発しただけで、立ち上がっただけで、すべてが進歩であり、喝采《かっさい》の対象です。つらかった昨日からは逃げ出し、今日というまっさらな人生を生きていきましょう。

●どうせ試験勉強はしなきゃいけない。だったら……

　ストレスや不快感、つらい仕事といった苦しみに直面した時、人はなんとかしてそこから抜け出そう、ネガティブな気持ちから回復しようと試みます。落ちていく気分に必死に抵抗し、もがき、苦悩する。しかし、その戦いは逆に「苦しみから抜けられない」という絶望感ばかりを増大させてしまいます。

そんな時はいっそ、こう考えてみてください。


「何をやっても、この苦しみからは抜けられない」


たとえば試験勉強。しなければならないのはわかっているけど、ゲームをしたい、スマホをいじりたい、遊びたい、眠りたい。そんなことを考えていると、いっそう勉強なんて手につきません。

しかしよくよく考えてみると、実はどうしてもゲームやスマホがやりたいわけではないのです。試験勉強という苦しみで陥っているマイナスの気分を回復させたいがために、ゲームやスマホに接したいと思っているだけ。

純粋に遊びに飢えているわけではなく、「やりたくない勉強をやらされている」という義務感から来る苦痛をやわらげたいがために、勉強以外の行動に誘惑されているだけなのです。

その証拠に、試験が終わってしまえば、試験前ほどはゲームやスマホがやりたいと思わなくなります。トイレに行けない場所ほど尿意を催してしまったり、ダイエット中ほど普段よりずっと大量にお菓子を食べたくなってしまったりするのに、似ていますね。

ですから、「何をやっても、試験が終わるまでは試験勉強をしなければならない苦しみは続くんだ」と自分に思い込ませれば、仕方なく試験勉強をするしかなくなります。

それによって勉強が終われば、結果的に一番早く苦しみから抜ける方法になるでしょう。

●苦しみはあって当然

逆説的ですが、「何をやっても、この苦しみからは抜けられない」はうつ病の方が心がけるべきことでもあります。

うつの悩みを「なくそう」とすると、かえって多くなったりするもの。むしろ大事なのは、心に占める悩みの相対的な面積を減らすことです。新しい趣味を持ったり、前述した人生の自習時間に浸ったりするほうが、うつ症状は緩和されます。

人間が生きている上で、苦しみがまったくない状態にすることはできません。ですから少なくとも「他の人は悩みがないのに、自分だけがこんなに悩んでいる……」と落ち込む必要はないのです。

自分のなかから苦しみを一掃する努力をするのではなく、「苦しみはあって当然なんだ」と考えてください。

あなた自身を、「苦しみをゼロにしなければならない」という強迫観念から解き放つのです。そこは戦うところではありません。立ち向かわず、逃げ出しましょう。そのほうが、ずっと心が楽になりますよ。

第4章　面倒な人間関係から逃げ出してみよう

●相談先には「境界密度が低い人」を選ぶ

いざ誰かにつらい気持ちを吐露したいとなった時、誰に持ちかけると一番気持ちが楽になるでしょうか。

正解は「境界密度が低い人」です。

「境界密度」。聞きなれない言葉ですよね。人には、色々な知り合いの集団がいます。「家族」「職場の同僚」「地元の幼なじみ」「大学時代のサークル友達」などなど。これらをそれぞれ独立したひとつのグループとした場合、グループ間でどれだけ交流があるかを表すのが、「境界密度」です。

「境界密度が高い」とは、グループ間に交流があるということ。「恋人や妻が会社の同僚」「地元の幼なじみと大学時代のサークル友達が、別の集まりでつながっている」ような状態です。

「境界密度が低い」とは、グループ間が没交渉だということ。複数のグループに同時に属する友人はおらず、グループ同士が断絶している状態です。

　そして、ここが大事。心理学者のハーシュの調査によれば、「境界密度は低いほうが、中心にいるあなた自身は健康でいられる」のです。

　これは直感的に理解できますよね。

　友達と職場がつながっていると、友達同士の飲み会でもし仕事の愚痴を吐いたら、めぐりめぐって職場の誰かに伝わってしまうかもしれません。これではリラックスできませんね。

　恋人や妻が自分と同じ会社に勤めているとします。ふたりでいる時、あなたが「仕事がつらい」と弱音を吐いても、職場の状況を知っている恋人や妻は、「でも、あなたにも努力する点があるんじゃない」「その程度で情けない！」と言ってくるかもしれません。そう考えるだけで、心を許せなくなってしまいます。いっそ職場の事情なんか知らないほうが、「そうか、大変だね。ひどいね」と無条件に優しく聞いてくれるでしょう。

●所属集団を増やすと疲れない

昨今の若者の「ＳＮＳ疲れ」も「境界密度の高さ」に端を発しています。本来分断しておくべき人間関係が、Twitter や Instagram などで「つながりすぎて」しまったゆえに、気軽に毒を吐くこともできないのです。誰と交際した、誰と別れたという情報も筒抜け。気が休まる時がありません。

彼らはせめてもの抵抗、自己防衛策として、Twitter は「鍵《かぎ》付き」にして限定された人にしか読ませませんし、LINE のグループも何十、何百と作って「境界密度を低く」しているわけです。

心が弱っている時は、なるべく他の人間関係グループとつながっていない人のほうが、心中を吐露できます。

家族や友人に話しにくいことを精神科医に話せるのは、精神科医があなたが属する人間関係グループの誰ともつながっていないから（仮につながっていたとしても、医者には守秘義務があるので、漏れることはありません）。

街の占い師やタクシーの運転手さんといった初対面で素性を知らない人に、つい気を許して愚痴をこぼしてしまうのは、「境界密度が低い」からです。

逆に言えば、ストレス予防策として、境界密度の低い場所を意図的にたくさん作り、掛け持ちでたくさん所属しまくるというのは得策です。「フィットネスジム仲間」「草野球仲間」「会社のフットサルチーム」「趣味の鉄道模型仲間」「町内会」「カルチャースクール」「女子会」――その数は多ければ多いほうが安全。少額ずつ、様々なパターンの保険に加入するみたいなものですね。

逆に、所属集団が「会社と高校時代の友人グループひとつだけ」とかだと、病みやすいこと、この上ありません。新しい所属集団はどんどん増やしていきましょう。

●自分を閉じて逃げ出そう

ＳＮＳでつながりまくった社会では、何かをちょっとでも発言すれば、そしてちょっとでも身動きを取れば、すぐにどこかの誰かに伝わり、反応が返ってきてしまいます。レスポンスが良いといえば良いのですが、心が疲れている時に、これは堪《こた》えます。

そんな時は、匿名でネットにブログを書いたり、匿名アカウントを作ってＳＮＳ上で発言したりするのがおすすめ。本名も職業も年齢も、時に性別すら知らない同好の士と、好きな話題で存分に盛り上がる。常に穏やかでいられます。

ただ、匿名であってもネット上に発言した以上、なんらかの反応が返ってくる場合もあります。これが悪い方向に行けばさらにストレスが溜《た》まってしまいますし、実際世の中では、Twitter の匿名アカウントの発言が炎上したり、最悪素性を特定されて晒《さら》されたり……なんてことも起こります。

ですから究極は、誰ともつながらない「非公開」扱いでネット上に日記を書き、気持ちを吐露というのもひとつの手。メモ代わり、ノート代わりにネットを利用するのです。

ネットに書く意味がないじゃないかと言うなかれ。たとえば、仕事で失礼な物言いをしてきたクライアントに対して、怒りをぶつけるメールをとりあえず書くという人がいます。

ただし、そのメールは送信しないそうです。しばらく下書きフォルダに入れておき、気分が収まったらゴミ箱に捨てるとのこと。高ぶった気持ちを文章化して整理することで、鎮める。あえて相手には伝えない。「閉じる」ことによる鎮静効果です。

外界での奮闘や抑圧に疲れたら、積極的に閉鎖的な世界をこしらえましょう。誰とも容易につながってしまうSNS社会の現代だからこそ、つながらない場所を確保しておくのも、ひとつの生存戦略です。

●「いいね」の奴隷状態

ただ、いくら「閉じろ」と言われても、一旦《いったん》はじめてしまったSNSをやめるのは、それはそれで角が立ちます。とりわけ若い女性のなかには、「周囲が皆 Instagram をやってるから、私もやらなきゃ」という無言の同調圧力に屈している人もいるのではないでしょうか。

なかでももっとも悩ましいのが、投稿につけられる「いいね」です。ついたらついたで嬉《うれ》しいですが、次の投稿で前より「いいね」の数が少ないと、落ち込んでしまう。

そのため、なんとかして「いいね」を集めるために「インスタ映え」する料理や場所の情報を仕入れ、写真を撮るために時間とカネを使いまくる。……でもそれ、本当にしたいことですか？　本当に心の底から楽しんでいますか？　むしろ「いいね」プレッシャーがストレスになっている人も多いのでは？

このような「いいね」の奴隷にならないために知ってほしいのが、「ゲインロス効果」というものです。ゲインは「得る」、ロスは「失う」。人間はえてして、今の絶対的な状態によってではなく、前と比べてどれだけ上がった（ゲイン）か、下がった（ロス）かで物事を評価してしまうということです。

「いいね」に当てはめていうなら、多くの人は「前は『いいね』が40もついたのに、今回は10も減って30しかつかない。悲しい……」と考えてしまうのです。しかしこの理屈でいくと、永遠に「いいね」の数が増え続けていかないと、満足できないことになります。

企業の成長もそう。多くの会社が「今年は前年より売り上げアップ！」を掲げますが、いくらがんばっても目標が天井知らずで、「がんばっても、がんばっても、まだ足りない」が常態化し、プレッシャーにさいなまれてしまいます。

●「いいね」は累計値で考えよう

ですから、「いいね」の計測は「昨日は40いいね、今日は30いいね」と数えるのではなく、累計値で考えるようにしましょう。「昨日は40いいね、今日は30いいねだから、合わせて70いいね」です。

実際、「いいね」を日割りで計測して比較する意味などないのです。大事なのは、あなたが今まで投稿した写真に対して、〝どれだけの人が「いいね」と思ったかの蓄積〟であって、その蓄積は日ごとにリセットされるようなものではありません。
企業の売り上げもそうでしょう。いい年もあれば悪い年もありますが、今年が悪かったからといって、昨年以前の奮闘が帳消しになってしまうわけではない。今までに喜んでくれたクライアント、商品を使ってくれた消費者。彼らの満足度は、会計年度区切りなどによって消えてしまうものではないはずです。

Instagram や Twitter のフォロワー数がわずかに増減しただけで一喜一憂する人もいますが、これもストレスの元凶です。フォロワーが何百人もいるのに、たった数人減っただけで「なにかマズい投稿をしてしまったんじゃないだろうか」「誰かの地雷を踏んでしまったのでは……」と心配になる。困ったものです。
ただその数人は、あなたがどんな投稿をしようが、いずれはいなくなるフォロワーです。気にすることはありません。あなたが相手にすべきは、日々増減を繰り返すたった数人ではなく、残りの何百人です。

人間関係においては、周囲の全員に好かれようと思えば思うほど、どんどんつらくなっていきます。ここはアドラー心理学を扱ったベストセラーのタイトル同様、「嫌われる勇気」を持ってください。

あなたが大切だと思う、絶対に離れてほしくない人だけに好かれようとするだけで、十分ですよ。

●不安性の人は恋人と長続きしない

あなたにとって大切な人、絶対に離れてほしくない相手が恋人であることは多いと思います。ただ、長い独り者期間を経て、やっと交際が叶《かな》った彼女や彼氏をどうしても失いたくないと毎日ビクビクしている人もまた、少なくありません。せっかく恋人ができたのに、愛想をつかされることに怯《おび》える毎日。これは全然楽しくないですよね。

そんなあなたに、いいことを教えましょう。実は、恋人と別れないためのコツは、意外にも「いつ別れてもいい、と思うこと」なのです。

テキサスA&M大学のシンプソン博士は、大学生234名に対して「現在の恋愛に対する不安」についての調査を行いました。すると、「現在の恋愛に対して不安が強い」学生ほど、「今の相手にいつか振られてしまうのではないか。振られたら二度と相手が見つからないのではないか」と感じていることが判明しました。

一方、「現在の恋愛に対して不安が少ない」学生は、「今の相手と別れても、すぐに新しい相手が見つかる」と楽観的に考えていることが多かったのです。

つまり、「振られたらもうだめだ」と感じている人ほど、いつも不安になっているわけですが、これは悪循環です。なぜなら、いつも不安に覆われている人間は自信がなくなるから。いつも不安な人間は、交際相手が少しでも自分の意に沿わないことを言うと、「自分のことを嫌ってるんだ」と思ってしまい、イライラして相手に当たってしまう。結果、本当に破局する確率が上がってしまうのです。

●「いつ別れてもいい」と思えば別れない？

憧《あこが》れの人と念願かなって付き合えたのに、相手を過剰に束縛したり、ありもしない浮気を疑ったりする人がいます。これは、自分が憧れの相手にとって不釣合いなのではないか？　という不安を常に抱えていて、その不安を解消するために起こす行動のひとつ。当然、こちらも長続きしません。

このように、自分が不安に思っている内容が現実化することを「予言の自己成就」と言います。

逆に、「いつ振られても次の人が見つかる」というスタンスの人は心に余裕が生まれますので、基本的にモテますし、交際相手も別れたいとは思いません。

よく、「独身時代はモテなかったのに、結婚した途端にモテて、女性の飲み友達が増えた」という男性がいますが、あながち気のせいではないと思います。

独身のうちはガツガツしていて、「俺と付き合ってくれる女性はどこだ〜」などと目を血走らせているため余裕がなく、モテません。ミエミエの下心を女性に見透かされてしまいます。

ところが結婚すると、そういうガツガツがなくなるので、余裕をもって女性と会話ができる。女性たちもリラックスして楽しく話せる——というわけです。

真正面から「どうしても手放したくない」と執着すると、相手はむしろ離れていってしまいます。ですから、あなたの心を少しだけ「逃がして」あげてください。直球ストレートの豪速球ではなく、少しコースを外したゆるめの球を投げるイメージです。

いつ別れてもいいと思うことで、お互いの依存度が下がり、負担にならず、気軽に関係を築ける。実は、このようなカップルが一番長続きします。

「振られたくないなら、振られてもいいと思え」。男女交際の鉄則です。

●怒っている男性上司には近づくな、女性上司には近づけ

「振られる」「嫌われる」。誰しも他者からマイナスの感情はぶつけられたくないものです。そのマイナスの感情の最たるものが、「怒り」。他者からぶつけられる「怒り」はストレスの源です。どう対応したらよいのでしょうか。

ここで注意したいのが、相手が男性の場合と女性の場合では、少し事情が異なるということ。男性は近づくと攻撃的になり、女性は離れると攻撃的になるからです。生物学的に、男性は闘争本能が強く、女性は皆と仲良くなってコミュニティを作りたいから――だと言われています。ですから、

「怒っている男性上司には近づくな、怒っている女性上司には近づけ」

が正解です。

たとえば、上司があなたのミスに腹を立てている場合。男性上司なら「彼の怒りのヒートアップが収まってから、対応策をしっかり練った上で謝罪と対応策の説明に行く」のが得策。女性上司の場合は、1分でも早く彼女の席に行って心から謝罪しましょう。

●女性は「共感」を求め、男性は「解決」を求める

なぜ男女はこれほどまでに異なるのでしょうか。これは、「相談」に対して男女で求めていることが違う点で理解できるでしょう。簡単に言うと、女性が相談に求めているのは「共感」ですが、男性は「解決」。以下のような男女のすれ違いは、誰でも聞いたことがあるのではないでしょうか。

A子が会社の人間関係の愚痴を、彼氏のB夫にこぼしました。するとB夫は、「たしかに△△さんの言い方はひどいけど、それに真面目に取り合うA子もよくないんじゃない？　一度△△さんに真意を問うメールを書いてみてはどうだろう？」などと偉そうに

解決法を提案してきます。

Ｂ夫は良いアドバイスができたと満足げ。でも、Ａ子は腹が立ってきました。Ａ子が求めていたのはアドバイスなどではなく、単に、「それはつらいね。Ａ子の気持ち、わかるよ」というＢ夫の共感と優しい言葉だったのです……。

ですからあなたが男性であれ女性であれ、何か業務上のトラブルが生じたら、女性上司にはとりあえず「困りましたね」と言葉をかけるだけでも意味がありますが、男性上司に対してそれをやっても、「解決法をまとめてから来い」と突っぱねられる可能性が高いと言えるでしょう。

ただ、男女の性差はあくまでも傾向にすぎないので、なかには「解決」を求める女性や「共感」を求める男性もいることは、ここで付記しておきます。

●「脅迫」には効果がない

では次に、自分が怒りの感情を持ってしまった場合の対処法です。怒りを制御するための心理療法プログラムとして「アンガー（Anger／怒り）マネジメント」という言葉もあるくらい、現代人にとって「怒り」は取扱注意の案件。怒りは他人も自分も疲弊させます。

怒りは、相手がいてはじめて起こりうる感情です。相手が自分の気持ちをわかってくれない、ひどい仕打ちをした、裏切られた、等々。

ただ、相手に詰問や不満や脅迫を並べ立てても、効果がありません。

一例を挙げましょう。いくら言っても深酒をやめない夫に対して妻が「あんなに言ったのにどうして飲んでくるの！」「早く帰って来てって言ったよね⁉」「次に午前様で帰って来たら、どうなるかわかってる？」と言っても、改善はあまり期待できないのです。

なぜでしょうか？

もうひとつ。昨今、世論操作を目的とした「フェイクニュース（嘘のニュース）」がSNSなどで拡散されてしまう問題が議論されていますが、その問題に取り組むべく２０１７年３月よりフェイクニュースと思われる投稿内のリンクに「警告マーク」をつけてきたFacebook社が、同年12月になって「警告マーク」の表示をやめると表明しました。つまり「警告マークの効果がなかった」と同社自身が認めたということです。なぜでしょうか？

その理由を明らかにするのが、心理学者アーヴィング・ジャニスが行った「脅迫の実験」です。

まず被験者をＡ～Ｄの４つのグループに分け、「歯磨きの重要性」について異なるタイプの説明をします。各グループに行った説明は、以下のようなものでした。

グループＡ【脅迫度０】特にアドバイスを行わない
グループＢ【脅迫度１】健康な人の歯の写真を見せながら「歯を磨いたほうがいい」

と説明

グループC　【脅迫度2】虫歯になった人の写真を見せながら「磨かないと、歯がどんどん悪くなる」と説明

グループD　【脅迫度3】ただれたり炎症を起こしているほどひどい写真を見せながら「磨かないと、こういうふうに歯茎が腐っていく」と説明

要はA＜B＜C＜Dの順に「脅迫度が高い」わけです。

この説明の後、各グループに「歯磨きをしよう」「いい歯ブラシを使おう」とメッセージしたところ、A～Dでそのメッセージに従った人の数に違いが出たのです。

メッセージに従った人の数は意外なことに、A＞D＞C＞Bの順でした。

【脅迫度3】のDはたいして効果がなく、【脅迫度1】のBに一番効果があった。つまり、「ハードな脅迫」は逆効果なのです。深酒をやめない夫にいくら強い言葉で詰問や不満や脅迫をぶつけても、さしたる抑止効果はないということがおわかりいただけたでしょうか。

●人は「警告」に反抗する

心理学には「認知的不協和」という概念があります。人は違和感を抱いた時、それを解消しようとして無意識に考えを変えてしまうのです。

その好例が、タバコのパッケージに書いてある警告表示。「喫煙は、あなたにとって肺がんの原因の一つとなります。疫学的な推計によると、喫煙者は肺がんにより死亡する危険性が非喫煙者に比べて約2倍から4倍高くなります」。こんな文言を見たことがありますよね。

海外を見ると、国によってはもっと直接的で、「喫煙は死をもたらす」と書いたり、真っ黒になった肺の写真を掲載しなければならなかったりというケースもありますが、実は効果があるかどうか疑問。ジャニスの「脅迫の実験」の結果からすれば、むしろ喫煙者が「そうは言っても俺タバコ好きだし！　絶対やめないし！」という決意を固めてしまうおそれすら、あるのです。もし、タバコの売り上げを減らしたくないタバコ会社がそこまで先読みして、あえてハードな脅し警告文を入れているとすると、すごい話ですが……。

Facebook社の製品担当マネージャーも、「警告マーク」取りやめの理由をブログでこんなふうに語っていました。「学術的な調査によると、赤い警告のような強い印象の画像を記事の横に表示すると、実際は深く根付いた信念を固定化させる可能性があることが示された」。つくづく、彼に前もって「脅迫の実験」のことを教えてあげたかったなと思います。

●「怒り」を「困った」に転化しよう

では、深酒をやめない夫に対して妻はどう言うのが効果的なのでしょうか。

心理カウンセラーの平木《ひらき》典子《のりこ》氏は、「イライラした時は、〝困った〟と言うことが大切」と述べています。つまり正解は、「怒る」ではなく、相手に「困った」アピールをすることなのです。

「あんなに言ったのにどうして飲んでくるの！」ではなく「あなたの健康が心配。病気になられたら困っちゃう」。

「早く帰って来てって言ったよね!?」ではなく、「帰りが遅いと食事の支度が無駄になるから困っちゃう」。

　仕事でも同じです。取引先に対して「サーバーがパンクしたぞ！　どうしてくれる！」ではなく、「サーバーが止まるとお客様がアクセスできなくなってしまいます。弊社としても非常に困っておりますが、どのように対応すればよいでしょうか？」と言えば角が立ちませんし、先方も素早く誠実に対応してくれるでしょう。

　人間は「怒り」をぶつけられたり「脅迫」や「強制」されたりすると、萎縮《いしゅく》したり、逆に反発したりするものです。しかし「困った」と言われて助けを請われると、「助けてやろう」という気になります。

　怒りを発するのは、強い感情に真正面からぶつかるに等しい行為。それをうまいこといなして避けましょう。

　怒りからは「逃げ出す」に限ります。

●理不尽な上司の奴隷状態から逃げ出す

明らかにむちゃな量の仕事を振ってきたり、理不尽なオーダーをしてくる上司に、あなたはどう対処していますか？「それは無理です」とはっきり言い返せば角が立ちますし、そもそもそのような口答えが許されない会社がほとんどでしょう。

とはいえ、黙って従ったら従ったで、ストレスが溜まる。「言い返せず、屈してしまった（ダメな自分だ……）」という自己嫌悪に陥る可能性もあります。

そんな時は、相手のオーダーを１００％引き受けないことで、相手と対等な関係に近づき、自分の溜飲《りゅういん》を下げるというテクニックがあります。

言い返し方としては、「こちらは本日中にできますが、こちらは明日も使わないと無理です」「今手一杯なので、できることはできますが、今週いっぱい時間をいただけますか」。それが真実でなくても構いません。死ぬほどがんばれば本日中に完遂できるかもしれなくても、あえて「相手が提示した通りの条件に従わない」ことが大事です。

そうすることで、不本意な忠誠心の強要を避けられますし、奴隷根性によって卑屈になることもありません。「仕事はちゃんとやる、ただしこちらの希望も汲《く》んでほしい」。そういう姿勢でいるだけで、ずいぶんと楽になるはずです。

●連帯感の押し付けから逃げ出す

ただ、この程度の工夫では避けられない職場のストレスというものもあります。以下のような職場に心当たりはないでしょうか。

部署全体が毎日のように大量の残業。終電ギリギリまではおろか、徹夜もしばしば。しかし部署の皆は進んで会社に居残りし、自慢話をするように「今週は毎日終電だった！」「さすがに二徹はつらいな～」「15連勤達成！」などとテンションが高い。

部長は部長でそれをとがめるどころか、「全員が一丸となって精力的に仕事している」とご満悦。「会社をでかくしようぜ！」「みんなで励まし合って乗り切ろう！」「オレも土日出勤しすぎて夫婦関係悪くなったよ。ははは！」などとポジティブな檄《げき》を飛ばしていますが、ちょっとついていけません。

自分の仕事にキリがついた日は早く帰宅したいのですが、周囲の誰も帰るそぶりがない。構わず帰り支度をすると「もう帰るの？」と言われるため、帰りづらいことこの上ありません。

一度など、同僚から「みんながんばってるんだからさ、他の人の仕事を手伝うとかしたら？」と言われ、「それは違うのでは」と思ったのですが、周囲の空気につい負けてしまい、言えない……。

「連帯感」は言葉だけなら良い言葉ですが、それがあまりに強すぎる集団は、「こうあるべき」という集団の独自ルールを構成員に強制してきます。そして、そのルールに反発する人には冷たく接してきます。

圧倒的多数の彼らには「部員一同、結束するのは良いこと」という独善的な正義があり、それを疑うことがありません。彼らにまったく悪気がないのは、むしろたちが悪いと言えるでしょう。

ブラック企業と呼ばれる会社の一部には、こういった「連帯感の押し付け」が社内で横行しているケースもあります。


最近では、スポーツ強豪校などでの「ブラック部活」も問題になっています。全国大会出場という目的を大切にしすぎるあまり、学生の余暇時間をすべて練習に差し出すのが好ましい、という無言の空気が浸透しているのです。

半強制的な同調圧力を先輩や顧問から受け、気力・体力をすべて吸い取られてしまって、悩む子供たちも少なくありません。運動部はもちろん、吹奏楽部といった文化系の部活にも見受けられるそうです。

たしかに部活動が目標を立てるのは大事ですが、好きだからはじめたスポーツや文化的な趣味が、苦痛の種に変わってしまっては、元も子もないでしょう。実に悲しいことです。

●黒い羊は白い羊から「いじめ」に遭う

こういった、皆が同じ価値観で動いている集団内では、「他人は他人、自分は自分」を貫く人は「和を乱す不届き者」として攻撃されます。

社会心理学用語に「黒い羊効果」というものがあります。白い羊たちの集団の中に黒い羊という「変わり者」がいると、黒い羊は仲間外れにされたあげく、白い羊同士の集団所属意識がよりいっそう高まるというもの。

これは「共通の敵がいると結束する」が悪い方に作用するパターン。政府が独裁的であればあるほど、反政府組織の結束力が高まるようなものです。

黒い羊が奮闘して脚光を浴びると、さらにひどいことになります。嫉妬《しっと》や劣等感が白い羊側に募り、黒い羊という異端者を排除する力が強まるからです。

黒い羊を攻撃することに、白い羊側は後ろめたさを感じません。なぜなら、圧倒的多数である「みんな」がやっているからです。白い羊の数が多ければ多いほど罪の意識は分散され、薄まっていきます。

もうおわかりですね。これは「いじめ」の構造です。

はっきり言いましょう。黒い羊たるあなたが、自分の意志を白い羊たちにはっきりと伝え、それでも彼らが彼らの価値観に自分を取り込もうとしてくるようなら、その集団からは離脱してください。

会社ならば転職を考え、部活なら退部を検討しましょう。連日の激務で体や心を壊したり、好きだった部活を嫌いになってしまったりする前に、です。「多数が言う正論」に個人が勝てる見込みはないのですから。

自分の身を守るために逃げ出すことは、なんら恥ずかしいことではありません。生き残ることが先決です。生きながらえて、別の場所で新しい花を咲かせればいいではありませんか。

●行きたくない飲み会、どうする?

「会社主催の飲み会が苦痛」「週末に部長の自宅でＢＢＱパーティーがあって断りづらい」といった声を、しばしば聞きます。

「会社は仕事をして給料をもらう場所。業務時間外のレクリエーション強制参加は納得がいかない」――もっともです。ただ、断れば断ったで「付き合いが悪い」「ノリが悪い」「連帯感を乱している」と責められる。苦しいところです。

もちろん、どうしても行きたくない、行くと考えるだけで吐き気を催すような集まりに無理やり行く必要はありません。

ただ、「ちょっと気が進まない」とか「どうしようか迷っている」程度であれば、行ってみて損はないと思います。

フランスの哲学者アランが１９２５年に書いた『幸福論』には、こんなことが書かれています。

パーティーには非常に意味がある。皆と楽しく和気あいあいするのを〝演じる〟ことによって、実際に人生も楽しくなってくるから。

〝演じる〟に引っかかったと思います。〝演じる〟なんて、本心に嘘をついているのではないか、と。

いえいえ、そもそも本当の自分なんて存在しません。正確に言えば、自分は「ひとつ」ではありません。

ひとりの人間のなかに、ひとり静かにしているのが好きな自分もいれば、皆とワイワイしているのを楽しいと思う自分もいる。どちらかが本当でどちらかが嘘ではない。全部が全部、その人の一面です。サイコロに６面があって、どれが表でどれが裏なんてないように。

●パーティーでは仮面をかぶっていい

実際、最初は演じようと思ってパーティーで愛想よく楽しそうにしていても、時間が経つにつれて、本当に楽しくなってくるから不思議なもの。それが自分にとっての「仮面」だとしても、仮面をかぶって楽しいのだったら、それでいいではないですか。

どちらにせよ、人間が社会と関わる時には必ずなんらかの「仮面」をかぶっています。真面目な会社員としての仮面、厳格な父親としての仮面、高校の同級生を前にしたお調子者の仮面、ネット上でキレキレのコメントを書く論客としての仮面――。

心理学者ユングは、このような人間の外的側面のことを「ペルソナ（persona）」と呼びました。ペルソナとは古典劇で役者がかぶった仮面のことです。

ペルソナは多いほうがストレスを溜めません。これは先述した、「ストレス予防策として、境界密度の低い場所を意図的にたくさん作る」ことと近い考え方です。境界密度の低い場所では、それぞれに別々のペルソナ（仮面）をかぶるわけですから。

服を着替えて気分を変えるように、キャラの異なる仮面はたくさん常備しておきましょう。出かけるのがきっと楽しくなります。

ついでにもうひとつ、せっかく飲み会やパーティーに参加したら、ぜひ自分から話しかけに行ってください。

ある実験では、苦手な人に対して積極的に毎日話しかけるようにしたグループの人は、相手との関係がとてもよくなりました。逆に、苦手な人となるべく話さないよう避けたグループは、苦手がまったく克服できないまま、時間だけが過ぎていきました。

話しかけるといっても、凝ったオチのある小咄《こばなし》をペラペラしゃべる必要はありません。「こんにちは」といった挨拶《あいさつ》程度でもいいのです。それだけで効果があるので、ぜひ試してみましょう。

●デリカシーのない人には近づかない

デリカシーのない発言で相手を傷つける人がいます。

上司が部下の女性に対して「△△ちゃんもいい年だし、そろそろいい人見つけないとな」

親戚《しんせき》や友人やご近所が新婚夫婦に対して「子供はいつごろ？」

専業主婦の女性が働いているお母さんに対して「０歳児保育なんて、お子さんがかわいそうね」

職場の先輩が後輩男性に対して「仕事で気配りが足りないお前が女性にモテないのは当然だよな」

完全にセクハラ、マタハラ、パワハラの部類に入る言葉ですが、これらの暴言を吐く人には大きくふたつのパターンがあります。

ひとつは、完全に無自覚・鈍感・天然というケース。年配のおじさんの中には、「そろそろいい人見つけないとな」が問題発言だと指摘しても、何が問題なのかわからないという人もいるのです。昔は挨拶代わりに発していた言葉だったのでしょうが、非常にたちが悪いですね。

もうひとつは、「自分、サバサバした性格だから」「裏表がないから」という言い訳によって、あたかもその発言が許されているかのように開き直っているケースです。

「サバサバアピール」は、心理学用語でいうところの「セルフ・ハンディキャッピング」という言葉で説明できます。これは、テスト前に「私、全然勉強してないんだ」と、聞かれてもいないのに周囲に吹聴《ふいちょう》することによって、実際に成績が悪くてもショックをやわらげるという自己防衛手段のようなもの。

つまりサバサバアピールとは、「私はサバサバした性格だから、多少きついことを言ってもいいよね」という、いわば事前の言い訳。発言によって傷つけられたと抗議された時の免罪符です。卑怯《ひきょう》な保険をかけているわけです。

こういった人たちに対しては正面から戦いを挑んだりせず、とにかく距離を置くことが大事。こちらからは絶対に話しかけない。彼らがいる場所には近づかない。彼らと親しい人たちとも交流しない。立ち寄る店や通勤ルートも変える。可能なら職場自体を変えてもらう。

そうすることで、彼らはあなたの行動を把握できなくなりますよね。あなたの情報を渡さないことで、相手が自分に物申してくるためのネタ供給を遮断するのです。

●暴言の〝鏡返し〟

こちらが距離を置こうとしているのに、それでも追いかけてきて絡もうとする人がいたら、とにかく「聞き」に回ってください。対等な会話だとは思わず、ちょっと困った人を「カウンセリングしてやっている」くらいの感覚でいましょう。

そうして相槌《あいづち》だけ打ちながら、聞いて、聞いて、聞いて、ひとしきり最後まで聞いたら、最後にちらっとだけ、自分の不快感を示せばよいのです。

不快感の示し方とはずばり、「相手の発した暴言をそのまま復唱する」です。

「『子供はいつごろ？』と言われましたが、家庭の問題ですので、ここでそういうお話はしたくありません」

「女性にモテないと言いますがそれは仕事とは関係のないプライベートなことだと思います」


相手が発した暴言を単語単位で一言一句、そのままを鏡のように映してあげることで、相手に言葉の暴力を認識させるわけです。

〝鏡返し〟は、乱暴な言葉で威圧してくる上司などにも使えます。

「お前、ふざけてんのか！」と言ってくる上司に対して冷静に、「ふざけてんのかとおっしゃいますが、まったくそんなつもりはありません」。「適当な仕事してんじゃねえぞ」「適当と言われますが、私なりに最大限努力しています」など。

実は暴言を吐く人は、感情がヒートアップしすぎていて、なにがなんだかわからなくなり、強い言葉を使っている自覚を失っていることも多いのです。〝鏡返し〟には、それに気づかせてあげる効果もあるのです。

●「悪魔の質問」を「天使の質問」に変える

もうひとつ、暴言のバリエーションとして、どう答えても責められるタイプの質問というものがあります。どう返してもネガティブな反応しかない、空気が悪くなる、地獄しか待っていない。ですからこういった質問のことを、僕は「悪魔の質問」と呼んでいます。

悪魔の質問の典型が、「そんなことをしていいと思っているのか！」の類《たぐい》。「いいと思っていないです」と答えれば、「思ってないのになぜやったんだ」と責められ、「思っています」と答えれば「これをいいと思っているなんて、おかしいじゃないか」と責められる。これ、親が子供を叱る時にやってはいけないアプローチとしても知られています。

逆に、建設的で良い考えが浮かんでくるような質問が「天使の質問」です。あなたがもし悪魔の質問を投げかけられたら、それを天使の質問に変える努力を試みてください。

「君、そんなことでいいと思っているのか！」
「それはともかく、どうしたらこの状況を打開できるか、一緒に考えましょうよ」

こういう返しです。相手に対して、目的はあなたの叱責《しっせき》ではなく、問題の解決であることを思い出させてあげてください。それにより、あなたは理不尽な地獄の責めから逃げることができます。

●マウンティング＝優越コンプレックスは華麗にスルー

困った人がよくやる言動に、マウンティングという行為があります。
元来は動物同士が序列関係を確認するための行動で、要は「俺はお前より上だから」

「はい、私はあなたより下です」ということを可視化するために、序列が上の動物が下の動物に対して行うアクション。立場が上のサルが、立場が下のサルを屈服させるために「乗りかかる」のが有名です。

人間の場合は、聞かれてもいないのに飲み会で年収の話をする男性、彼氏がいかに自分にお金を使ってくれるかを語る女性などがその典型。ただ、はっきりと自慢の形をとっていない、巧妙なマウンティングもあります。

たとえば「お前は賃貸でうらやましいよ。俺なんか固定資産税が大変だからね」（持ち家自慢）、「独り身は自由でいいね。専業主婦って時間持て余しちゃうから、つい買い物で散財しちゃうんだよ。夫が優しすぎるのも困りもの」（結婚自慢＋シングルインカムでも家計に余裕がある自慢＋夫自慢）など。嫌な気持ちになった方も多いのではないでしょうか。

実はこういうマウンティングを仕掛けてくる人というのは、意外にも自分に自信がない人たちです。自分の気持ちを安心させたいという束の間の癒《いや》しのために、マウンティングという手段に頼る。ネガティブな気持ちの裏返しなのです。

彼らは「自分が優越である」ことに非常にこだわりがあり、これをアドラー心理学では「優越コンプレックス」と呼びます。コンプレックスとは劣等感のことですが、「優越でありたいが、そうはなれないという恐怖から来る劣等感」とはまた、言い得て妙ですね。

優越コンプレックスを抱く人は、「相手にしない」、つまりスルーするのが一番です。反論もしない、会話も続けない。「ふーん、そうなんだ」「なるほど」程度の生返事を重ね、とっとと会話を終わらせましょう。

いずれ張り合いがないことがつまらなくなって、彼らはマウンティングをやめるはず。反応をすればするほど、彼らの自尊心満足プレイを手伝わされるだけです。

言われっぱなしなんて腹立たしい！　と思われるかもしれませんね。でも、彼らは「優越コンプレックス」という名の症状に悩まされている、「かわいそうな人」です。哀れみの目をもって接し、視界から静かに消えましょう。

●味方ヅラする人とは範囲を決めて付き合う

このように、世の中は「スルーすべき人」であふれています。触らぬ神に祟《たた》りなし。そういう人たちに立ち向かう時間と労力は、もっと別の有意義なことに使いたいものです。

やたら「味方ヅラ」する人がいます。あなたが転職、あるいは新入社員として新しい職場に配属された途端、近寄ってきて、「なんでも相談して」と言い、社内事情や人の噂を事細かに話してくる先輩や同僚。

新参者のあなたにしてみれば、彼ら、彼女らは、最初はありがたい存在でしょう。ですが、徐々に雲行きが怪しくなってきます。

別の人とランチに行くと、「あの人、評判良くないから気をつけたほうがいいよ」などと耳打ちする。また別の人と飲みに行くと、翌日あからさまに「△△さんと飲みに行ったんだ、フーン……」などと、自分が誘われなかったことを恨んでいる様子。

これは、あなたを支配下に置きたいという欲求の表れです。本人には自覚がないかもしれませんが、あなたを「子分」として囲い込みたいという願いが、「私はあなたの味方です」という申し出につながっているのです。

こういう人とは、付き合いの範囲をきちんと決めて付き合いましょう。「仕事の話以外はしない」「ランチは月に1度まで」「サシ飲みはしない。しても年に1回だけ」等。自分なりのルールを決めて適度に付き合い、支配から逃れるのです。

●押しが強い人の「善意」には応えない

押しの強い人にも悩まされます。相手の意見をつい聞き入れてしまうことで、常に貧乏くじを引いていませんか？　たとえば、次のようなケース。

サシ飲みに誘われ、たいして楽しくも飲みたくもないのに「もう1軒付き合えるよな？」と言われて余計な金を使い、飲みすぎて気分も悪くなってしまった。

結婚・出産後に仕事に復帰したいと言ったら、夫から「子供の世話と仕事の両立は大変だろうし、君の体が心配だ」と言われ、波風を立てたくないからと折れてしまった。


きっとあなたは、おおらかで寛容で、争いを好まない平和主義者なのでしょう。しかし、このように本意でない結果が積み重なると、心はどんどん疲れていきます。

「もう1軒付き合えるよな？」と言う人は単に自分が飲みたいだけですし、妻を心配しているふりをする夫は、単に自分が子供の世話をしたくないだけです。あなたのおおらかな性格に甘えて、あるいは付け込んで、自分の希望を押し通しているにすぎません。

しかも後者の場合、あたかも「善意」であるかのように、「妻を思いやっているふう」を決め込んで、巧妙に自分の都合のいいように事を運ぼうとしているので、かなり悪質。こういった押しの強い人には無理に合わせる必要はありません。合わせる努力などからは、さっさと逃げましょう。

●悩み相談は「接待」

世の中には、悩み相談を持ちかけてくる「困った人」というのが存在します。

よくあるのが、一生懸命考えてアドバイスしたのに、「アドバイスに従って行動したら失敗した（君のせいだ）」と逆恨みされた……というパターン。

親しい友人関係ではもちろんのこと、家族や恋人といった親密な関係であればあるほど、強く具体的な言葉で「こうしたほうがいい」と言ったら裏目に出てしまった、というわけです。

こうならないためには、「どんな決断をするにしても、最終的には自分で決めなさい」とはっきり相手に伝えるのが大事。なぜなら人は、アドバイスに「従う」形で決断してしまうと、仮に成功したとしても「あの人に従ったからだ」となり、喜べなくなってしまうからです。

相談を受けた側の意見はあくまで「相談者が決断するための一材料」にすぎないとい

う認識を、最初の段階で共有しておきましょう。

要は「君のやりたいようにやればいいさ」ということなのですが、それでは相談に答えていない気がしますか？　大丈夫です。悩み相談というのは究極、「接待」みたいなもの。相談を持ちかける時点で、相談者の答えはほとんど決まっています。

あなたがすべきなのは、相手が「本当にどうしたいのか」を聞き出し、「それは、ありなんじゃない？」と言ってあげること。それだけです。相手は単に、決断に自信がない自分を後押ししてほしいだけなのですから。

もちろん世の中には、相談者が思いもよらない行動指針をゼロから提示し、納得させ、その通りに行動させられる奇特な人もいますが、それができるのは宗教指導者や超人的な経営者といった、ごく一部のカリスマだけです。凡人である我々には、そんなことをする義理も能力もありません。

クリニックの基本方針も同じです。基本的には、とにかく患者さんの話を聞く。聞いた上で、共感してあげる。「つらかったですね」「大変でしたね」「ひどいですね」。そうやって感情を認めてあげると、患者さんは「あ、つらいと思ってもいいんだ」と自信が持ててきます。

どんな感情に対しても、共感してあげるだけで、その人は勇気付けられるもの。実は、アドバイスよりも共感のほうが大切なのです。

相談者の切迫した「逃げ出したい」気持ちに対しては、逃げ出し方や逃げ出す先を考えるより先に、「逃げ出したい」という気持ちをふわっと受け止めてあげてください。

あなたがつらい時にされたいのも、そういうことではありませんか？

●他人を変えることはできない

「どうして私の気持ちをわかってくれないの？」

対人ストレスはとどのつまり、概《おおむ》ねこの言葉に集約されるのではないでしょうか。むちゃな仕事のオーダー、心ない嫌み、伝わらない真意、そのせいで自分はこんなにも苦しんでいる。被害者意識というやつです。

しかしアメリカの精神科医ジェラルド・ジャンポルスキーによれば、ストレスを抱えた時にするべきなのは、「自分が被害者や犠牲者であると考えるのをやめること」だそうです。

そもそも、あなたにストレスを与える「困った人」の性格や行動パターンは、何によって決まっているのでしょうか。それは「遺伝」と「環境」です。

でも、その人が親から受け継いだ遺伝的形質を、あなたが変えることはできません。その人が生まれ育った環境や今のライフスタイルにあなたが介入することもまた、不可能です。

あなたがその人の近親者や家族である場合に限り、「環境」には少しだけ介入することができるかもしれません。が、その人が生まれてから今まで四六時中一緒にいたわけでも、これからいられるわけでもありませんので、介入できる部分はほんのわずか。

つまり、他人とは変えられないものなのです。

ですから、あなたを取り巻く人間の人間性は、当人以外の誰にも変えられない、「全部、決まっている」と思ってください。

●腹を立てる意味すらない「村人A」

ただ、これは絶望ではありません。希望です。

この世界はプログラムされたゲーム、RPGのようなものだと考えると腑《ふ》に落ちます。あるゲーム内に、主人公が話しかけても冷たい答えしか返さない村人キャラがいるとしましょう。あなたはその「村人A」にことさら腹を立てたり、なんとかして会話してやろうと考えたりは、しませんよね。

なぜなら、「村人A」は素っ気ない答えを返すようにプログラムされているからです。プレイヤーに、村人の性格を変えるなんてできないからです。

ですから、プレイヤーは村人Aにいらだちません。拒絶されていると悲観することもありません。

現実世界も、同じなのです。

あなたというプレイヤーにとって、村人Aたる「困った人」は意味のある会話をする相手ではない。ただそれだけのことです。

もしくは村人Aは、なんらかのアイテムを持っていないとしゃべってくれない（ようにプログラムされている）キャラクターなのです。少なくとも、あなたが村人を改心させてやろうなんて考える必要は皆無。そのような考えは、プログラムごと書き換えようとするくらいナンセンスです。

無用な労力を費やすのはやめましょう。これもひとつの「逃げ出す」行為です。

不快な人に遭遇した際に大切なのは、特に感情を交えず「そういうものだ」と割り切って、その状況下でいかに行動できるかを考えること。

「この人はこういう人だ。まあしょうがない」。そう思うようにするだけで、ずいぶんと楽になりますよ。

●「課題の分離」で罪悪感や無力感から逃げる

他者を「村人A」化して割り切るというのは、第2章でも触れた「課題の分離」とも近い話です。

「課題の分離」の基本的な考え方とは、「私はあなたではない。だからあなたの問題はあなたの問題で、私の問題ではない。だから私が必要以上に悩むことはない」というものです。

親の介護に尽力していたり、恋人や配偶者が精神性の疾患にかかっていたりする場合、「自分がもっとがんばらなければならない」「この人は自分のせいでこうなってしまったのではないか」と思い悩み、相手の人生まで背負《しょ》い込んでしまう人がいます。罪悪感にさいなまれ、しかしどれだけがんばっても報われないと、次第に無力感が覆うようになります。

臥《ふ》せっている親や患っている人の憎まれ口をまともに受けてしまい、自己評価を下げ、しかし「お世話をしなければ」という使命感と板挟みになって疲労困憊《こんぱい》する方も少なくありません。介護疲れで心中に踏み切ってしまう方や、配偶者に巻き込まれてうつを発症してしまう方もいらっしゃいます。とても悲しいことです。

しかし、いくら家族や近親者であっても、その人の人生はその人の人生、自分の人生は自分の人生。自分の人生を犠牲にしてまでその人の人生に付き合う必要はありません。切り離して考えるべきです。

介護や疾患者のお世話に関しては、自分の人生を犠牲にしない程度に、できることとできないことを、はっきりと線引きしてください。

お金で解決できることは、どんどんやりましょう。部外者からの「施設に預けるなんて無慈悲ね」などという無責任な言葉に耳を貸してはいけません。人生の大事な一部を差し出すのは、その人ではなく、他ならぬあなたなのですから。

関わらない部分は関わらない。「もっとできるかも」とは考えず、自分の人生が台無しにならない範囲でのみ、努力すれば十分。それが「精一杯やった」ということです。

24時間365日、相手の世話をし、相手の感情に付き合っていては、疲れてしまいます。相手からの暴言も、まともに取り合う必要はありません。彼らは自分の人生の不具合を嘆き、それを一番近くにいるあなたにぶつけているだけ。あなたが悪いわけではありません。

彼らの問題は彼らの問題。あなたがそれに毒されなくてもいいのです。だって、あなたは言われなくたって、一生懸命やっているではないですか。

●親の人生と自分の人生を分離する

親が子に対して過干渉のあまり、子の人生が邪魔されてしまうという、いわゆる「毒親問題」というものがあります。

子の進路や就職先についてあれこれ指示を出し、従わないと烈火のごとく怒る。子の交際相手にあれやこれやとダメ出しをし、子が反論すると号泣する。子の結婚後も夫婦生活に口出しをし、頻繁に新居に訪れては勝手に家事をやろうとする。特に母親―娘に多いケースです。

しかしこれに子が反抗すると、毒親は決まってこう口にします。「育ててもらった恩を何だと思っているのか」「お前のためを思ってやっている」。こう言われて何も言えなくなる子は少なくありません。
親への反抗は「育ててもらった親は大切にしなければならない」という一般的な道徳観に異議を唱えることになるため、生真面目な人ほど罪悪感に悩まされてしまいます。

しかし、よく考えてみてください。親が子に「こうあってほしい」と願うのは勝手ですが、子には子の人生がある。叶わなければ叶わないで、親はそれを諦《あきら》め、別の人生の価値を探さなければならないのです。

そして、そのことについてあなたが「責任」や「罪悪感」を覚える必要は、一切ありません。あなたの人生はあなたの人生であり、親の抱えている問題のとばっちりを受けるいわれはないのですから。

ですから、親がそんな自分をいくらなじったとしても、自分を悪人だと思わなくてもいい。思い通りにならない人生を悔やむのは、親が自分で片を付けるべき課題です。決して、巻き込まれないでください。

結局のところ、親であれ、恋人であれ、配偶者であれ、他人は他人。彼らを愛していることと、課題を分離することは、ちゃんと両立できます。
他人の不機嫌や理不尽からは、躊躇《ちゅうちょ》なく逃げ出しましょう。

第5章　幸せのかたち

●幸福は人としての「義務」

ここまで読んでくださったみなさんは、「逃げ出す」ことがいかに人生を楽にするかが理解できたと思います。

繰り返しになりますが、この本で言っている「逃げ出す」とは、思考と行動がセットになったものです。「逃げることで何を学んだか」「逃げた後にどうしようか」を考え、そのうえで「逃げ出す」行動を起こすことによって、効果が発生するのです。

行動なしの思考では何も起こせません。思考なしの行動は空転するばかりです。思考と行動の両輪があってはじめて、難局を打開できるのです。

思考と行動が一体化した「逃げ出す」とは、明確な意思をもった動きそのもの。

それは、「幸せ」の構造と同じです。

……唐突に何を言ってるんだとお思いでしょうが、最後となるこの章では、「逃げ出す」と「幸せ」の関係について、お話しさせてください。

誰もが自分の人生を少しでも幸せにしたい、そう願っていますよね。

でも、そんな簡単に幸せが手に入るはずがない。軽々しく口にしても悲しいだけだと思うこともまた、あるでしょう。

ただ、フランスの哲学者アランは『幸福論』の中で、こう言っています。

人間には幸福になる義務がある。

「義務」とまで言い切っていることに違和感を抱くでしょうが、その理由は「幸福も不幸も、周囲に伝染するから」です。

考えてもみてください。人生を嘆き、ネガティブなことばかり口にしている人の周りにいると、こちらまで気が沈んできませんか？　とても迷惑ですよね。つまり不幸は伝染性の病気と同じで、周囲に伝染して迷惑をかける性質を持っている。ですから患者には「不幸」を治療する「義務」が発生するというわけです。

同様に幸福も伝染します。アランは「人間が人間に与えられる最高のプレゼントは、上機嫌である」とも綴《つづ》りました。常に幸せいっぱいで上機嫌の人は、周囲も明るくするということです。

「自分の幸せなんかどうでもいい！」と、へそ曲がりなことを言う人もいるでしょう。ただ、そういう人でも「あなたの大切な人に幸せになってもらいたいか？」と問われれば、NOとは言わないでしょう。

幸福や不幸が伝染性のものである以上、自分が幸せになることは、やはりすべての人間にとって「義務」ということになります。

●そもそも「幸せ」って何？

では、そもそも幸せとは一体なんでしょうか？

誰もがうらやむ社会的地位を獲得していること？

十分な富を所有していること？

最高の肉体と健康が手中にあること？


どれも、半分だけ正解です。

なぜなら、これらはすべて、ある一時的な「状況」を表しているにすぎないからです。社会的な地位が高い状況、富が多い状況、健康な肉体である状況。これらは一時的な状況ゆえに、いつ変化するか、いつ色褪《いろあ》せるかわかりません。

明日には左遷の憂き目に遭うかもしれない。明日には資産価値が暴落するかもしれない。明日には大病が発見されるかもしれない。

水が周囲の温度によって固体や気体になってしまうのと同様、ある状況が永続するということは、ありえないのです。どんな努力をもってしても、万物の流転を防ぐことはできません。


オランダの心理学者であるマイヤーズらは、雑誌「フォーブス」に掲載されている世界の大金持ちを対象にして、「現在、どれだけ幸福か？」ということについて調べました。

実際、世界の大金持ちなら、さぞ幸福感に包まれているのではないか……？

そう思う方も多いはずです。しかし、その結果。

大金持ちの37％は、一般人の平均値に比べて、幸福感がやや低いということが分かりました。大金持ちであったとしても、37％の人が、一般人より幸福と感じていないわけです。

人間、お金を持っただけで完全に幸せというわけではなく、逆に「資産を失ったらどうしよう？」など、新たな心配や恐怖も生まれてくるのかもしれません。鎌倉時代に鴨《かもの》長明《ちょうめい》が書いた随筆『方丈記』の有名な書き出しでも、同じことが言われています。

ゆく河の流れは絶えずして、しかももとの水にあらず。よどみに浮かぶうたかたは、かつ消えかつ結びて、久しくとどまりたるためしなし。

【現代語意訳】流れる河の水は途絶えることがなく、それでいて、ある場所の水は、少し前そこにあった水とはまったく違うものに置き換わっている。流れのよどみに浮かんでいる泡は、こちらでは消えてなくなり、あちらでは現れたりしており、長くそのままの状態でいることはない。

●幸せは「状況」ではなく「動きそのもの」

結論から言うと、幸せとは「状況」ではなく、「行動」の中にしかありません。自分の望む方向に向かって自分の足で進んでいる、そういう状態および実感を、幸せと呼ぶのです。

ですから、幸せはある条件を達成したからといって獲得できるものではありません。「年収が1億円以上なら幸せ」「体脂肪率が10％を切ったから幸せ」――仮にそういう目標を立てて達成できたとしても、感じる幸せはごく一時的なものでしょう。

すぐに「もっと上に行けるはず」「もう下がることはできない」という気持ちが沸き

上がり、満ち足りた気持ちは長続きしません。

「満足感は持続しない」――これは「ビールは1杯目が一番うまい」ことに似ています。ビール自体の成分は変わっていないのに、2杯目のビールは1杯目に勝てません。

同じように、はじめてのデートは最高に幸せで楽しいものですが、何度も同じ人とデートを重ねれば、だんだん飽きてきて、最初の感動は減っていきますよね。相手の人格や容姿はまったく変わっていないのに、満足感はどんどん減っていきます。

美味《おい》しい料理や観光地、夜景などにも同じことが言えます。「状況」として設定された幸せは、そのままでは長続きしないのです。

人間はどうしても、ある「幸せの条件」のようなものが整いさえすれば、そこから先はずっとメンテナンスしなくても幸せが続いていってほしいと願います。

しかし、それが大きな間違いであることは、ストレスのない人生を想像してもらえればわかります。多くの人は「ストレスがない方が幸せだ」と言いますが、ストレスが完全になかったら、人生はただの退屈な日々に成り下がるでしょう。

ストレスのない人生は、敵が１人も出てこないゲームのようなもの。『スーパーマリオ』で言えば、ただ延々と右に歩くだけ。相当つまらないのではないでしょうか。

鍛錬の末に敵をやっつけられた、コントローラーさばきを練習して穴を飛び越えられた――このようにイベントを自力で克服することによって、ゲームを面白いと感じる。

つまり、適度なストレス（課題）がありつつも、それを乗り越えていくプロセスこそが、幸せというわけです。

●一生幸せでいたければ、自分に正直であれ

僕の小さい頃、子供たちは難しいゲームをクリアするために「攻略本」を買っていました（今もあると思いますが、多くはネットに攻略情報が出ているので、本を買う必然性は減りました）。

そこには複雑なダンジョンのマップや、どの宝箱に何が入っているか、ボス敵に効く

武器や魔法の情報など、ゲームを効率的にクリアするための「答え」がすべて書いてありました。お小遣いに余裕のある子は、新作のゲームソフトを買うと、攻略本も同時に買うのです。

ところが、攻略本を見ながらゲームを進めても、あまり面白くありません。せっかくのゲームが、攻略本が言う通りの場所に行って、言う通りの宝箱を開けるだけの、「作業」になってしまうからです。

自分で考え、自分が行きたい場所に行って、開けたい宝箱を開けていないから、つまらないのです。

イギリスに、こんなことわざがあります。

一日だけ幸せでいたければ、床屋に行け。
一週間だけ幸せでいたければ、車を買え。
一ヵ月だけ幸せでいたければ、結婚しろ。

一年だけ幸せでいたければ、家を建てろ。

しかし一生幸せでいたければ、正直になることだ。


正直？

正直ってなんでしょう？　人に嘘をつかない、「正直者」ということ……ではないと、僕は思います。

これは「自分に嘘をつかないこと」という意味ではないでしょうか。

あれをやりたい、こんなチャレンジがしたいと思った時、「でも、どうせ無理だから……」「両親も反対していたし……」「みんながやめろって言ったから……」と自分に言い訳をして、結局やらないと、人生は途端につまらないものになっていきます。

なぜなら、自分の正直な気持ちにしたがって行動をしていないから。

攻略本の言う通りにゲームを進めても、ゲームが楽しくないのと同じ。自分の考えで行動していないからです。

何度失敗しても、どれだけ余計に時間がかかっても、自分の気持ちに正直に、開けたい宝箱を開ける人生こそが、幸せな人生なのではないでしょうか。

●「逃げ出す」は幸せへの道

結論が見えてきました。幸せとは、自分の気持ちに正直に、自分の足で進んでいる状態、および実感のこと。それをドライブにたとえるなら、走りたい道を、走りたい車で、走りたい速度で走っているようなものでしょうか。

目的地に到着することが幸せではありません。幸せはプロセスであり、「ゴール（目的地）」と呼ばれるような、物理的な到達点ではないのです。

巷《ちまた》で「結婚はゴールではない」と言われるのは、そういうこと。幸せとは、結婚した瞬間に獲得できるものではありません。パートナーと親密になっていくプロセス、結婚に至るまでの楽しい準備、ふたりの未来が良いものになると信じて育《はぐく》む日々の暮らし――。幸せはそういった、行動を伴う局面において実感できる性質のものです。

夫婦がともにどういう未来を歩んでいきたいかを共有し、ふたりが望む方向に向かって二人三脚で進んでいるという実感。それが幸せというわけです。

結婚が実感できないのでしたら、魚釣りを想像してください。趣味の釣り人たちは、なぜ「キャッチ・アンド・リリース（釣った魚をすぐ放すこと）」をするのでしょうか。それは、釣り人の最高の喜びが、「魚を食べる行為」にではなく、「ああだこうだと仕掛けを考えて、魚を釣るという行動自体」にあるからです。

ある立ち位置に居続けることが幸せなのではなく、目的をもって動いていること自体が幸せ。幸せは、「一時的な状況」や「条件」や「点」ではありません。

『罪と罰』で知られるロシアの文豪ドストエフスキーは、こんな言葉を残しています。

コロンブスが幸福だったのは、彼がアメリカを発見した時ではなく、それを発見しつつあった時だ。幸福とは生活の絶え間なき永遠の探求にあるのであって、断じて発見にあるのではない。

こうして考えると、幸福とは「ベクトル」のようなものです。

ベクトルとは、物事が向かう方向と勢いのこと。そしてベクトルの方向を決めるのは思考、勢いを決めるのは行動。つまり思考と行動がセットになった「動きそのもの」にこそ、幸せが宿っているのです。

本書で一貫して唱え続けてきた「逃げ出す」も、まさにこれ。明確な意思を持った動きそのものです。つまり「逃げ出す」は、幸せと同じ構造を持っています。

「今いる場所から逃げ出す」とは、「今よりも幸せになる」と同じ意味でした。

「逃げ出す」ことで幸せになってください。幸せになるために「逃げ出して」ください。

本書を読まれたあなたの人生がよりよいものになることを、心から祈っています。

ゆうきゆう
精神科医・マンガ原作者・作家。東京大学医学部卒業。ゆうメンタルクリニックグループ総院長。『マンガで分かる心療内科』（少年画報社）などのマンガ作品のほか、『相手の心を絶対に離さない心理術―心理戦を勝ち抜くスーパーメソッド21』（海竜社）など100冊以上の書籍を刊行。総発行部数は300万部超。
公式サイト　ゆうきゆうの心理学ステーション　http://sinri.net/
ゆうきゆう「マンガで分かる心療内科」Twitter　https://twitter.com/sinrinet

逃《に》げ出《だ》す勇気《ゆうき》
自分《じぶん》で自分《じぶん》を傷《きず》つけてしまう前《まえ》に

ゆうきゆう

2018年 4 月 10 日　初版発行

発行者　郡司 聡
発　行　株式会社KADOKAWA
〒102-8177　東京都千代田区富士見 2-13-3
電話　0570-002-301（ナビダイヤル）
装 丁 者　緒方修一（ラーフイン・ワークショップ）
ロゴデザイン　good design company
オビデザイン　Zapp!　白金正之
編集協力　稲田豊史
印 刷 所　暁印刷
製 本 所　BBC

角川新書

ISBN978-4-04-082213-6 C0295

KADOKAWAの新書 好評既刊

陰謀の日本中世史

呉座勇一

本能寺の変に黒幕あり？　関ヶ原は家康の陰謀？　義経は陰謀の犠牲者？　ベストセラー『応仁の乱』の著者が、史上有名な陰謀をたどりつつ、陰謀論の誤りを最新学説で徹底論破。さらに陰謀論の法則まで明らかにする、必読の歴史入門書!!

間違う力

高野秀行

人生は脇道にそれてこそ。ソマリランドに一番詳しい日本人になり、アジア納豆の研究でも第一人者となるなど、間違い転じて福となしてきたノンフィクション作家が、間違う人生の面白さを楽しく伝える!!　破天荒な生き方から得られた人生訓10箇条！

池上彰の世界から見る平成史

池上　彰

平成時代が31年で終わりを迎える。平成のスタートは、東西冷戦終結とも重なり、新たな世界と歩みを同じくした時代だ。日本の大きな分岐点となった激動の平成時代を世界との関わりから池上彰が読み解く。

デラシネの時代

五木寛之

社会に根差していた「当たり前」が日々変わる時代に生きる私たちに必要なのは、自らを「デラシネ」――根なし草として社会に漂流する存在である――と自覚することではないか。五木流生き方の原点にして集大成。

運は人柄

誰もが気付いている人生好転のコツ

鍋島雅治

人生において必要なもの、それは才能：努力：運＝1：2：7くらい。7割を占める「運」、実のところ運とは人柄なのだ。運と言われる事のほとんどは、実は人間関係によるもの。数多くの漫画家を見てきた著者が語る。

KADOKAWAの新書 好評既刊